视频书
vBook

粮食安全干部读本

本书编写组

人民出版社

序

　　洪范八政，食为政首。以习近平同志为核心的党中央始终高度重视粮食安全，把解决好中国人的吃饭问题作为治国理政的头等大事来抓。习近平总书记多次强调，对我们这样一个有 14 亿人口的大国来说，手中有粮、心中不慌在任何时候都是真理，任何时候这根弦都不能放松。党的十八大以来，各级农业农村部门深入贯彻以我为主、立足国内、确保产能、适度进口、科技支撑的国家粮食安全战略，狠抓粮食生产供给保障，全国粮食生产实现历史性的"十六连丰"。2020 年夏粮、早稻丰收到手，秋粮丰收已成定局，将连续六年稳定在 1.3 万亿斤水平。稻谷和小麦两大口粮自给率超过 100%，库存充足，我国人均粮食占有量达到 470 公斤，连续多年超过国际粮食安全标准线，中国人的饭碗牢牢端在自己手中，为应对风险挑战、稳定经济社会发展大局发挥了"压舱石"作用。习近平总书记指出，这次新冠肺炎疫情如此严重，但我国社会始终保持稳定，粮食和重要农副产品稳定供给功不可没。

　　保障粮食安全，核心是提升生产能力。近年来，我们扎实推进藏粮于地、藏粮于技战略，着力巩固提升粮食综合生产能力。落实最严格耕地保护制度，实行永久基本农田特殊保护制度，划定完成9亿亩粮食生产功能区和2.38亿亩重要农产品生产保护区，2020年即将完成8亿亩"一季千斤、两季吨粮"旱涝保收的高标准农田建设任务，保住中华民族的"铁饭碗"。加快农业科技创新，农业科技进步贡献率将达到60%，粮食作物自主选育品种占比超过96%，农作物耕种收综合机械化率超过70%，农作物重大病虫害防控体系初步构建，粮食生产效率和抗风险能力持续提高。2020年克服新冠肺炎疫情冲击和严重自然灾害影响，再夺粮食丰收，实属不易，也充分说明我国粮食安全保障能力明显增强。

保障粮食安全，关键是调动和保护农民生产积极性。历史经验证明，什么时候把农民的积极性保护好，粮食和农业生产就能稳定发展；什么时候挫伤了农民的积极性，粮食和农业生产就会出现停滞甚至滑坡。改革开放以来，中央始终坚持巩固和完善农村基本经营制度，坚持不懈深化农村改革，加大农业支持保护力度，实施一系列补贴政策，对小麦、水稻实行最低收购价政策，对玉米、大豆实行生产者补贴，建立主产区利益补偿机制，有效调动了地方重农抓粮和农民务农种粮的积极性。培育新型农业经营主体，发展多种形式的农业适度规模经营，健全和完善各种形式的农业社会化服务体系，努力把小农户引入现代农业发展轨道。总体看，我国形成了比较完善的粮食支持政策体系，为保障国家粮食安全提供了有力支撑。

"十四五"是全面建成小康社会后，开启全面建设社会主义现代化新征程的第一个五年。虽然我国粮食连年丰收，但粮食安全的基础还不稳固，结构性矛盾仍然存在。随着人口增加、城镇化推进、食品消费升级，粮食需求在相当长时间内仍将保持刚性增长，粮食生产还面临耕地和水资源硬约束、农村青壮年劳动力大量流出、国外进口不确定性增加等挑战，未来粮食供需还将长期处于紧平衡。粮食安全是战略问题，到什么时候都不可掉以轻心。党的十九届五中全会对确保粮食安全提出明确要求。站在"两个一百年"奋斗目标的历史交汇点，我们要坚决扛稳国家粮食安全这个重任，扎实推进藏粮于地、藏粮于技战略落地生根，加强耕地保护建设，强化科技装备支撑，抓好新型农业经营主体培育，健全粮食生产支持保护体系，全面提升国家粮食安全保障能力与水平，为全面建设社会主义现代化国家提供坚强支撑。

中央农办主任、农业农村部部长

2020 年 11 月 20 日

目　录

视频目录

| 观看粮食热点话题 |

视频目录总码

第一章

国家粮食安全问题概述

———————————— • 本章提要 • ————————————

　　民以食为天，确保国家粮食安全是治国理政的头等大事。本章拟从以下三个方面对粮食安全问题作出简要概括：一是通过梳理粮食与食物的概念，参考国际上的食物安全（food security）概念，给出我国粮食安全概念的基本表述，进而澄清在粮食安全概念理解上的歧义。二是结合不同时期对粮食安全在观念上的理解与认识，重点阐述新的国家粮食安全观，谷物基本自给、口粮绝对安全，既是我国粮食产业发展的基本目标，也是新时期我们应牢固树立的粮食安全观念。三是全面、系统和深入地解读"以我为主、立足国内、确保产能、适度进口、科技支撑"的新时期国家粮食安全新战略，以我为主，就是要把国家粮食安全的主动权牢牢掌握在自己手中；立足国内，就是要把国家粮食安全的物质基础建立在粮食产业持续稳定发展上；确保产能，就是要紧紧扭住保护和提高粮食综合生产能力这个国家粮食安全的"牛鼻子"；适度进口，就是要通过利用国外资源与市场进行一定数量的余缺调剂和必要的品种调剂；科技支撑，就是要把依靠科技进步作为提升国家粮食安全能力与水平的突破口和主攻方向。

粮安天下。所谓粮食问题的重要性，说到底是因为它事关每个人的吃饭问题，而解决吃饭问题是人类生存与发展的第一需要。管仲的"仓廪实而知礼节，衣食足而知荣辱"①其实讲的就是这个道理。我国是人口众多的大国，解决好吃饭问题，始终是治国理政的头等大事。因此，粮食问题不能只从经济上看，必须从政治上看，保障国家粮食安全是实现经济发展、社会稳定、国家安全的重要基础。本章作为全书的第一章，我们将重点阐述有关国家粮食安全的一些基本概念。

粮安天下
中国人要把饭碗端在自己手里，而且要装自己的粮食。

第一节　粮食安全基本内涵

什么是粮食？粮食与食物的概念与范围有何异同？粮食安全的基本内涵是什么？我国的粮食安全概念与联合国粮农组织所使用的粮食安全概念有无差异？这些表面上看似简单的问题其实并不简单，而且由于概念理解上的分歧与偏差也直接影响社会舆论对粮食安全的看法，甚至也会直接或间接地影响到国家粮食安全有关方针政策的制定与执行。显然，为了深入理解和准确把握国家粮食安全这个关系国计民生的重大问题，对粮食安全的一些基本概念进行梳理与澄清是很有必要的。

---

① 《史记·管晏列传》。

一、粮食与食物的概念辨析

就其所指代的物质本体而言，"粮食"和"食物"这两个词并无本质上的差别，都是人类赖以生存或者从中摄取营养与能量的东西。它们的区别主要产生于使用者在具体语境下对其赋予不同的含义。在两个词的使用上，人们有时候把它们视为同义词，有时候又会明显地将两者区别开来。当将两者区别开来时，食物是一个大概念，粮食则是一个小概念，食物包括粮食。这也就是说，人们在使用"粮食"这个词时，有时会是泛指，其含义与"食物"的含义基本等同；有时会是特指，其含义则小于"食物"的含义。通常情况下，无论是泛指还是特指所蕴含的意思都是能够理解与把握的，并不会引起人们太多的歧义，但有时"粮食"泛指的范围有多大或者究竟应该用"粮食"还是应该用"食物"也会给人们带来一些困扰。因此，辨析"粮食"与"食物"这两个概念的关键是搞清楚"粮食"一词的使用语境。

第一种语境是将粮食的范围主要限定为禾本科类的谷物。禾本科植物中的谷类作物包括水稻、小麦、玉米、谷子、高粱、大麦、黍稷、燕麦等。此外，荞麦虽然不属于禾本科植物而属于蓼科植物，但也被纳入谷类作物。在这些谷类作物中，水稻、小麦、玉米三大谷物通常被人们称为三大主粮，谷子、高粱、大麦等其他谷物一般被人们称为杂粮。

第二种语境是将谷物、豆类和薯类统称为粮食。这种语境把一些豆类作物和薯类作物也计入粮食作物。这里的豆类包括大豆、蚕豆、豌豆、绿豆、小豆等，而薯类则包括甘薯、马铃薯等。这种界定也是国内最常用最流行的粮食概念。这样的粮食概念与人们通常所说的"人食五谷杂粮"是一致的。国家统计局也是按照这样的口径来统计粮食产量的。

专栏 1-1　国家统计局的粮食产量指标解释

粮食产量：指农业生产经营者日历年度内生产的全部粮食数量。按收获季节包括夏收粮食、早稻和秋收粮食，按作物品种包括谷物、薯类和豆类。其产量计算方法：谷物按脱粒后的原粮计算，豆类按去豆荚后的干豆计算；薯类（包括甘薯和马铃薯，不包括芋头和木薯）1963 年以前按每 4 公斤鲜薯折 1 公斤粮食计算，从 1964 年开始改为按 5 公斤鲜薯折 1 公斤粮食计算；城市郊区作为蔬菜的薯类（如马铃薯等）按鲜品计算，并且不作粮食统计。1989 年以前全国粮食产量数据主要靠全面报表取得，1989 年开始使用抽样调查数据。

来源：国家统计局编：《2019 年中国统计年鉴》，中国统计出版社 2019 年版，第 402 页

第三种语境是将粮食的范围进一步扩大，甚至基本等同于食物。过去在农产品短缺时代的"糠菜半年粮"之说，其实就是把一些能够提供人体所需营养与能量的东西也视为粮食。把英文单词"food"翻译为食物是比较准确和恰当的，但也可翻译为粮食。最典型的是"Food and Agriculture Organization of the United Nations"的翻译，现在通用的翻译是"联合国粮农组织"。应该说，这种译法是简洁明快的，也已广为大众所接受。与之相关的还有"food security"的翻译，字面上看，翻译为"食物安全"可能更准确一些，但最初将其译为"粮食安全"也是比较恰当的，既通俗易懂又不失本意，而且人们也绝不会把粮食安全问题的视角局限于谷物、豆类和薯类。国务院新闻办发布的两本白皮书——一本是 1996 年发布的《中国的粮食问题》（*The Grain Issue in China*），一本是 2019 年发布的《中国的粮食安全》（*Food Security in China*）——之英译书名变化也说明了这一点。

归结起来，关于我们所探讨的粮食安全语境下的粮食概念，要点是把握住两条：一是约定俗成，就是按照国家统计局的统计口径界定粮食的范围，粮食涵盖谷物、豆类和薯类。二是从大食物观的视角来理解粮食，正如习近平总书记指出的那样，现在讲粮食安全，实际上是食物安全。

二、粮农组织粮食安全定义

悠悠万事，吃饭为大。尽管解决吃饭问题始终存在于人类生存与发展的全过程，但粮食安全（food security）的概念最早则是联合国粮农组织（Food and Agriculture Organization of the United Nations, FAO）于 20 世纪 70 年代提出来的。如今，这一概念已成为世界各国普遍认可的发展理念，而且粮农组织在过去的几十年也数次充实完善对这个概念的理解与认识。因此，这里有必要介绍粮农组织所给出的粮食安全定义。

20 世纪 70 年代初，连续几年的恶劣气候和自然灾害导致世界性的粮食歉收，特别是主要粮食生产国的产量大幅下降，世界范围内的粮食供求矛盾异常突出，进而引发第二次世界大战后最为严重的粮食危机。世界粮食库存量占世界粮食消费量的比重由 18% 降到了 14%，国际市场的粮价上涨了 2 倍多。在这次世界性的粮食危机中，受影响最大的是广大发展中国家，撒哈拉沙漠以南的非洲国家因无钱购买粮食或缺少国际粮食援助甚至出现人口非正常死亡率急剧上升的现象。①

粮荒的警示

粮荒引发社会动荡，给粮食安全敲响警钟。

在这样的背景下，粮农组织于 1974 年 11 月在罗马召开世界粮食大会，大会通过了《消灭饥饿和营养不良的世界宣言》和《世界粮食安全国际约定》。在《世界粮食安全国际约定》中，首次提出"粮食安全"的概念，即"粮食安全是要保证任何人在任何时候都能够得到为了生存和健康所需要的足够食物"。同时，该《约定》要求各国采取措施，保证世界谷物年末最低安全系数——当年末谷物库存量至少相当于次年谷物消费量的 17%—18%，其中：6% 为缓冲库存，11%—12% 为周转库存，周转库存相当于两个月的口粮消费。《约定》中还明确，如果一个国家谷物库存安全系数低于 17%，则为不安全；低于 14%，则为紧急状态。显然，这样的粮食安全概念重点强调的是粮食供给的数量。

此后，粮农组织对粮食安全概念先后进行两次充实和完善。一次是在 1983 年，一次是在 1996 年。粮农组织粮食安全委员会于 1983 年 4 月给出的粮食安全新表述是："确保所有人在任何时候都能买得到和买得起他们所需要的基本食物"。这一新表述突出了粮

---

① 参见尹成杰著：《粮安天下：全球粮食危机与中国粮食安全》，中国经济出版社 2009 年版，第 73 页。

食安全的三项基本目标：一是确保能够生产出足够的粮食；二是最大限度地稳定粮食的供给；三是确保所有需要粮食的人都能获得粮食。在 1996 年 11 月召开的第二次世界粮食首脑会议上，再次对粮食安全的内涵给出新的表述："在任何时候，所有人都能买得到和买得起足够的、安全和营养的食物，以满足人们日常膳食需要和食物偏好，保证人们积极和健康的生活。"这种表述进一步丰富了粮食安全的内容，更加突出了粮食安全的质量。从偏重于粮食的数量安全到既重数量安全也强调质量安全，一方面反映了经济社会发展对粮食安全提出了新的和更高的要求，另一方面也反映了人们对粮食安全问题认识的更加深入和更为全面。

从粮农组织的粮食安全定义中我们不难发现：第一，粮食安全是应对世界粮食危机所提出来的概念，其着眼点是帮助广大发展中国家摆脱贫困。第二，粮食安全的核心是增加粮食的供给，只有粮食供给增加了世界粮食安全才有可能得到保障。第三，粮食安全是一个动态和发展的概念，其内涵的丰富与完善背后是人们对粮食安全之理解与认识的深化。第四，数量与质量是粮食安全的一体两面，在注重增加粮食产量的同时更加注重粮食质量的提升是今后解决粮食安全问题的大趋势和主攻方向。

三、我国粮食安全基本内涵

我国是世界第一人口大国，拥有世界五分之一的人口，1949年中华人民共和国成立以来，能否解决和如何解决亿万人民的吃饭问题，始终是摆在我们党和政府面前的头等大事。经过数十年的艰苦奋斗和不懈努力，我们不仅成功解决了人民生活的温饱问题，而且城乡人民生活质量和营养水平显著提升，国家粮食安全取得了举世瞩目的巨大成就。在很大程度上可以说，我们七十多年的奋斗历程其实也就是国家粮食安全能力与水平不断提升的过程。显然，由于有着长期艰苦卓绝的实践基础，我国的粮食安全概念与国际上通用的粮农组织所定义的粮食安全是不能简单地画等号的，而且随着实践探索的深入人们对其理解与认识也不断丰富与拓展。概括起来，我国的粮食安全概念主要有以下三个方面的基本内涵。

第一是粮食的数量安全。1949年全国粮食产量为11318万吨，比旧中国历史上最高的1936年产量1.5亿吨下降24.5%，人均占有量只有209.5公斤。① 不仅如此，当时在国内外都有人预言新中国无法解决人民的"吃饭问题"。这样，粮食增产进而提高粮食人均占有量，不仅是我国农业发展的核心与首要任务，而且也事关经济社会稳定与国家安危。可以说，在长期的不懈努力奋斗中，尽管我国的粮食总产先后登上几个亿吨台阶、粮食人均占有量已多年高于世界平均水平，但是，由于我国人口基数大且高峰值尚未到来，粮食增产的压力始终严峻地摆在我们的面前，过去如此，现在如此，今后依然如此。在过去几十年包括改革开放以来，我国曾几次出现粮食持续增产后的徘徊甚至减产局面，每次扭转起来都是非常的不容易。这也就意味着：粮食的数量安全始终是我国粮食安全的物质基础与可靠保证，任何时候与任何情况下我们都不能忽视和放松粮食生产，保护农民等生产者种粮的积极性与调动地方政府抓粮的积极性始终是国家农业政策基本的出发点和落脚点。

---

① 参见《当代中国》丛书编辑委员会：《当代中国的粮食工作》，中国社会科学出版社1988年版，第32页。

第二是粮食的质量安全。1984年我国粮食总产首次登上4亿吨的大台阶，达到40731万吨；人均粮食占有量接近400公斤，达到392.8公斤。这一重大历史性突破，标志着长期困扰我国的亿万人民生活温饱问题得到基本解决。随之而来的，不仅是农业结构的调整和农村多种经营的发展，而且人们对粮食等农产品需求日益走向多元化和优质化。由此，如何在确保粮食总量供给的基础上提升粮食的质量安全能力与水平的问题，就日益尖锐地成为我国粮食安全的现实难题与突出矛盾。可以说，在此后的三十多年里，我们在更多时候是陷于粮食的增产与提质的纠结之中，而且一有风吹草动，提高粮食质量的追求往往就会自觉不自觉地让位于增加粮食产量的压力，甚至为粮食增产付出了高昂的资源环境代价，提高粮食质量的努力步履维艰。这也就意味着：处理好粮食的数量增长与质量提升的关系，兼顾好粮食的数量安全与质量安全，实乃是我们这个人多地少的发展中大国必须长期面对的大国农业之难。在我们确保国家粮食安全的漫漫征程中，提升粮食质量安全的能力与水平，必须建立在首先保证粮食数量安全的基础与前提之上。这要求我们在把握粮食的增产与提质两者之间的关系上必须始终不渝地保持清醒头脑，一方面是要持续稳定发展粮食生产，确保粮食的数量供给保持平稳增长的态势；另一方面是要顺应满足人民美好生活需要对粮食消费需求产生的新变化与新要求，围绕吃得好和吃得营养健康不断提高粮食及其加工产品的质量。

第三是粮食的产业安全。在世界一体化与经济全球化的时代潮流之下，不仅我国的农业不是孤岛，我国的粮食产业发展也身处激烈的国际竞争的大环境之中。当今时代的农业竞争，也已不再局限于具体产品和某个环节之间的竞争，而是体现为整个产业链或产业体系之间的竞争。进入 21 世纪特别是加入世界贸易组织以来，我国的粮食产业尤其是大豆产业受到的影响与冲击可谓是触目惊心，远远超出人们的预想。不仅如此，种粮成本上升、比较效益下降、国内外价格倒挂以及耕地利用重用轻养、地下水超采、面源污染加重等资源环境问题日益凸显，更是对粮食产业的持续健康发展提出严峻挑战。这些都对我国粮食的产业安全状况提出了许多前所未有且日益提高的新要求。粮食产业安全状况是农业整体素质、综合实力与市场竞争力的体现，我们只有加快转变农业发展方式，全面推进农业供给侧结构性改革，才有可能在日趋激烈的国际竞争中提升粮食产业安全的能力与水平，真正巩固国家粮食安全的产业基础。

上述三个方面的粮食安全基本内涵意味着：伴随着粮食产业发展和粮食消费需求变化，我们对粮食安全的理解和认识也要不断深化；我国的粮食安全始终是摆在国人面前的现实难题与重大挑战，在任何时候任何情况下都忽视不得和放松不得；迎接挑战，主动作为，迎难而上，确保国家粮食安全，牢牢把中国人的饭碗端在自己手中，既是我们实现"两个一百年"奋斗目标的必然要求与使命任务，也是我们作为大国促进世界和平、合作与发展的应尽之责和应有贡献。

第二节　新国家粮食安全观

观念决定行动，观念指导行动，正确的观念指导正确的行动。在过去的很长时间里，我们一直强调的是依靠自己的力量和立足国内的资源解决亿万人民的吃饭问题，这也可以说是我们自新中国成立以来最基本也最深入人心的国家粮食安全观念。而且，正如国务院新闻办1996年发布的《中国的粮食问题》白皮书中所说，我们也确实做到了用占世界7%左右的耕地养活占世界22%的人口。那么，为什么习近平总书记会在2013年12月召开的中央经济工作会上提出"谷物基本自给、口粮绝对安全"①的新国家粮食安全观？我们又该如何理解和认识这一新粮食安全观？本节将从新国家粮食安全观提出的时代背景、基本内涵和重要意义三个方面阐述。

一、新国家粮食安全观的提出

1996年我国粮食总产首次突破5亿吨大关，达到50454万吨；人均粮食占有量也首次突破400公斤，达到414.4公斤。1997年虽略有减产，但粮食总产仍接近5亿吨，为49417万吨；人均粮食占有量仍稳定在400公斤水平，为401.7公斤。1998年的粮食总产更是达到了51230万吨，人均粮食占有量为412.5公斤。这有力地支撑了1998年党的十五届三中全会作出的重大历史性判断：粮食和其他农产品大幅度增长，由长期短缺到总量大体平衡、丰年有余，基本解决了全国人民的吃饭问题。但是，在进入21世纪之后，随着农业和农村经济战略性结构调整的全面展开以及加入世界贸易组织后的新形势，我国的粮食供求状况却出现了一系列新变化和呈现出新特点。这些变化与特点集中表现在以下两个方面：

一方面是粮食的大幅减产和之后的粮食总产"九连增"。对农

---

① 《习近平关于"三农"工作论述摘编》，中央文献出版社2019年版，第67—68页。

业和农村经济结构进行战略性调整，是 2000 年年初发布的《中共中央、国务院关于做好 2000 年农业和农村工作的意见》作出的重大战略部署，但随后几年出现粮食快速减产却是人们所始料未及的。在 1999 年小幅减产的基础上，2000 年我国粮食总产下降了 9.09％，2001 年减幅为 2.06％，2002 年小幅回升的增幅为 0.98％，2003 年的减幅为 5.77％。2003 年的粮食总产降至 43070 万吨，人均粮食占有量降至 334.3 公斤。面对这样的局面，自 2003 年下半年开始国家出台了一系列扶持粮食生产恢复发展的政策措施，迎来了前所未有的粮食总产"九连增"。2012 年全国粮食首次总产登上 6 亿吨大台阶，达到 61222.6 万吨。从粮食增产的结构看，主要是稻谷、小麦和玉米三大谷物增产，而大豆产量则有明显下降。2012 年与 2003 年相比，我国粮食作物总产增加 18153.1 万吨，其中谷物总产增加 19230 万吨；稻谷总产增加 4587.7 万吨，小麦总产增加 3598.7 万吨，玉米总产增加 11372.9 万吨，大豆总产减少 195.7 万吨。而从播种面积的变化看，2012 年与 2003 年相比，粮食作物增加 14958 千公顷，其中：稻谷增加 3968 千公顷，小麦增加 2554 千公顷，玉米增加 15041 千公顷，大豆减少 1908 千公顷。

另一方面是我国的农产品贸易由顺差转为逆差和大豆进口迅猛增长。2000 年，我国农产品进出口总额为 269.4 亿美元，其中：出口额为 156.8 亿美元，进口额为 112.6 亿美元。我国正式加入世界贸易组织的 2001 年，农产品贸易额小幅增长，进出口总额增加到 279 亿美元，其中：出口额为 160.5 亿美元，进口额为 118.5 亿美元。此后农产品贸易额快速增长，2012 年，农产品进出口总额达到 1757.3 亿美元，其中：出口额为 632.5 亿美元，进口额为 1124.8 亿美元。从 2004 年开始，我国的农产品进出口由持续多年的贸易顺差转为贸易逆差。2012 年不仅是农产品进口额首次突破 1000 亿美元，而且贸易逆差也已接近 500 亿美元。从谷物与大豆的进出口数量看，2012 年与 2000 年相比，谷物出口由 1379.8 万吨减少到 101.6 万吨，进口由 314.8 万吨增加到 1398.3 万吨（其中：小麦进口由 91.9 万吨增加到 370.1 万吨，玉米进口由 0.3 万吨增加到 520.8 万吨，稻谷进口由 24.9 万吨增加到 236.9 万吨）；大豆进口由 1041.9 万吨增加到 5838.5 万吨。将谷物与大豆的进口量加起来，两者之和已经占到 2012 年我国粮食产量的 11.82%。[①]

这样，尽管国内的粮食生产实现了前所未有的"九连增"，但 2012 年我国谷物净进口 1296.7 万吨和大豆净进口 5806.4 万吨，不可避免地再次给我们敲响了国家粮食安全的警钟。由此，我们长期奉行的也是 1996 年《中国的粮食问题》白皮书中宣告的基本方针"立足国内资源、实现粮食基本自给"还要不要坚持？以及"在正常情况下，粮食自给率不低于 95%，净进口不超过国内消费量的 5%"的目标与承诺还能不能守得住？这样的一些问题如何看待和如何回答，不仅在国内人们普遍关心，而且在国际上也引起高度关注。这也就是新国家粮食安全观提出的基本背景。

基于我国粮食供求关系出现的这些新变化新特点，综合考虑国内资源环境状况和国际市场贸易条件等因素，2013 年 12 月 10 日，

谷丰仓满　中国粮安

"谷物基本自给"，做得到；"口粮绝对安全"，守得住。

---

① 农业农村部国际合作司、农业农村部农业贸易促进中心编：《2020 中国农产品贸易发展报告》，中国农业出版社 2020 年版，第 169—170 页。

习近平总书记在中央经济工作会议上明确提出："要依靠自己保口粮，集中国内资源保重点，做到谷物基本自给、口粮绝对安全，把饭碗牢牢端在自己手上。"①随后的 12 月 23 日，习近平总书记在中央农村工作会议上就粮食安全问题进行了深入细致和全面系统的阐述，再次重申和强调：确保谷物基本自给、口粮绝对安全，中国人的饭碗任何时候都要牢牢端在自己手上，我们的饭碗应该主要装中国粮。②

二、新国家粮食安全观的内涵

习近平总书记 2015 年 10 月 29 日在中共十八届五中全会第二次会议上指出："理念是行动的先导，一定的发展实践都是由一定的发展理念来引领的。发展理念是否对头，从根本上决定着发展成效乃至成败。"③今天我们回过头看，"谷物基本自给、口粮绝对安全"的新粮食安全观，其实反映的就是顺应新形势新变化新要求的农业发展理念的重大转变，渗透着马克思主义实事求是和与时俱进的思想光辉，甚至可以说它在很大程度上是提出"五大新发展理念"的先行实践与理论思考。因此，我们有必要从发展理念的视角来认识和把握新国家粮食安全观的主要内涵。

第一，新粮食安全观是建立在大农业观与大食物观的基础上

①《习近平关于"三农"工作论述摘编》，中央文献出版社 2019 年版，第 67—68 页。

②参见《习近平关于"三农"工作论述摘编》，中央文献出版社 2019 年版，第 74、70、72 页。

③《习近平谈治国理政》第二卷，外文出版社 2017 年版，第 197 页。

的。尽管涵盖种养业的农业作为国民经济的基础产业，其基本的经济功能是给人类提供生存与发展的各种食物来源，但是，随着经济社会发展和人们对农业认识的不断深化，不仅农业的经济功能在拓展和丰富，而且其社会功能、生态功能以及文明传承功能等也被人们更加深刻地认识与挖掘。过去我们更多地是局限于在农业生产特别是粮食生产的领域发展农业，现在则越来越强调"三产"融合发展，农业领域覆盖的范围越来越广。大食物观的内涵同样丰富多彩，仅从蔬菜、水果等非粮食类产业的发展看，我国非粮食类食物供给的持续增长对国家粮食安全的贡献也是功不可没的。这也要求我们必须从大食物观的角度来审视与把握国家粮食安全。显然，新粮食安全观有着更广的视野和更高的站位，不是在就事论事、简单地就粮食安全说粮食安全。

第二，新粮食安全观更加强调的是国家粮食安全的质量与效率。"谷物基本自给、口粮绝对安全"并不意味着我们放弃立足国内资源实现粮食基本自给的方针，而是顺应时代发展的新形势更加富有成效地提升国家粮食安全的能力与水平。20世纪90年代粮食总产突破5亿吨大关，表明我们完全有能力依靠自己解决十多亿人口的吃饭问题，用事实回答了"谁来养活中国"的问题，同时也有力地驳斥了国际上一些人所散布的"中国粮食威胁论"。2004年以来粮食总产的"九连增"所付出的资源环境代价和大豆进口的迅速增长，使我们一方面看到过度依赖资源消耗追求粮食产量增加的农业发展方式的难以为继与不可持续性，另一方面看到利用国际资源与市场减轻国内粮食生产压力的足够空间与现实可能性。我国统计上的粮食概念包括谷物、豆类和薯类，新粮食安全观强调谷物基本自给，很重要的就是把一部分大豆供给转向利用国际上的资源与市场，进而发挥谷物生产的国际比较优势，守住国内谷物供给的自给率。而新粮食安全观强调口粮绝对安全，则是进一步明确了谷物生产中稻谷与小麦的优先序。稻谷、小麦和玉米是我国三大主要粮食作物，其中的口粮作物主要是稻谷和小麦，玉米除少部分作为口粮外则主要用于饲料用粮以及工业用粮。初步估算，在口粮消费中，全国大体上是60%的人以大米为主食、40%的人以面食为主。可以说，只要我们守住了稻谷和小麦，就基本可以保证口粮的绝对安全。

第三，新粮食安全观的背后是我国整体经济实力与国家粮食安全能力的提升。很难设想在亿万人民生活的温饱问题尚未解决的情况下会提出"谷物基本自给、口粮绝对安全"的新粮食安全观。粮食安全问题既是一个基本的经济问题，也是一个重大的政治问题。如果十多亿人口的吃饭问题解决不了或解决不好，就不可能有百姓安居乐业与社会稳定祥和的局面。经过几十年的不懈努力，特别是改革开放以来的持续稳定发展，我国综合国力大幅提升、人民生活迈向全面小康。这使我们在应对国家粮食安全可能出现的各种风险挑战时有了坚实的后盾支持与足够的保障条件。"谷物基本自给、口粮绝对安全"是一种底线思维，其能够提出和可以提出，不仅是体现一种大国担当的责任意识与危机意识，而且是几十年努力奋斗积累总结出来的自信之道与经验之论。但另一方面，新粮食安全观也绝不意味着我们可以在确保国家粮食安全这个问题上有丝毫懈怠与任何放松。因为任何能力与水平都是动态的，保护和提升国家粮食安全的能力与水平如"逆水行舟"，不进则退，过去我国粮食生产出现几次较大的波动都充分地说明了这个看似浅显的深刻道理。因此，我们在任何时候与任何情况下都要绷紧国家粮食安全这根弦，绝不能把"谷物基本自给、口粮绝对安全"错误地理解为国家粮食安全的要求降低了和标准放松了，而要充分认识到这一新粮食安全观中蕴含的比过去更高的要求与更严的标准，牢牢地把国家粮食安全的主动权掌握在自己手中。

三、新国家粮食安全观的意义

当今时代，尽管世界一体化、经济全球化以及贸易自由化已成为滚滚向前的历史潮流，国际粮食安全的大趋势整体向好，但世界局势并不太平，正在经历百年未有之大变局，应对各种风险和不确定性的挑战是各国普遍面临的重大课题。我国作为世界第一人口大国，确保国家粮食安全有着极端的重要性。这也要求我们更加深刻地理解与把握新国家粮食安全观的重大现实意义，增强践行"谷物基本自给、口粮绝对安全"的自觉性与主动性。

第一，新国家粮食安全观确立了立足国内确保国家粮食安全的目标。进入 21 世纪特别是加入世界贸易组织以来，对于如何保障国家的粮食安全，可谓是众说纷纭、见仁见智。有的对粮食持续增产颇有微词，强调为了连年增产付出了巨大的资源环境代价；有的对大豆进口快速增长忧心忡忡，甚至不少人担心玉米也会重蹈大豆的覆辙；有的认为 18 亿亩的耕地红线没有必要坚守，理由是其不符合经济法则；有的觉得坚持不低于 95% 的粮食自给率已经失去现实意义，呼吁下调粮食自给率乃势所必然；等等。面对这样的一些观点和看法，应如何统一人们的认识进而形成保障国家粮食安全的合力？现在看来，确保谷物基本自给、口粮绝对安全，把中国人的饭碗牢牢端在自己手中，已经成为了人们的广泛共识和社会的最大公约数。将"谷物基本自给"和"口粮绝对安全"分开来看，确保谷物基本自给，既体现了世界第一人口大国对世界粮食安全的责任担当，足以回应国际上少数人不时散布的"中国粮食威胁论"；也是我们完全有能力和有条件做到的，能够基本满足亿万人民的谷物消费需求。确保口粮绝对安全，不仅是党和政府对十多亿国人的庄严承诺，而且是实实在在地守住我们每个人的饭碗。确立这样的目标，一方面是出于保障国家粮食安全的基本需要，另一方面也为满足越来越丰富多元与优质特色的食物消费需求提供了现实可能性。坚守这样的目标，既能够使国家粮食安全有可靠的根基，也能够使百姓生活改善有拓展的空间。

第二，新国家粮食安全观划定了捍卫国家粮食安全必须守住的底线。国家粮食安全事关重大，用底线思维来审视和把握我国的粮食安全，不仅有必要，而且也是主动作为、超前谋划的表现。包括粮食在内的各类农业产业都是自然再生产与经济再生产的统一，应对自然风险、市场风险及各种不确定性是其固有的产业属性。明确"谷物基本自给、口粮绝对安全"，就是划出国家粮食安全的底线。与之密切相关的还有划定18亿亩的耕地红线和建立基本农田保护制度等。凡事预则立，新粮食安全观中的底线思维，不仅是包括谷物与口粮的产量，还包括它们的质量以及相关产业的可持续发展。此外，守底线也是动态的，因为我国粮食总量需求的高峰值尚未到来，谷物及口粮的产量还必须保持增长的势头；人民生活水平的提高对谷物及口粮的质量要求也会不断提升，产品优质多元的品牌化需求将会日益增多；国际竞争日趋激烈的趋势不可逆转，提升谷物及口粮的产品产业市场竞争力的难度也将不断加大。

第三，新粮食安全观表明了利用两种资源两个市场的基本态度。无论是确保谷物基本自给，还是确保口粮绝对安全，都不意味着排斥利用国际农产品市场和国外农业资源增加我国的粮食供给。事实上，自20世纪80年代初提出"利用国际国内两种资源两个市场"以来，如何有效利用国外资源与国际市场的问题就很现实地摆在我们面前，也是深化改革与扩大开放的一个难点课题与重点领域。进入21世纪特别是加入世界贸易组织以来，我国农业在国外资源开发利用和国际市场贸易拓展方面也取得了一系列的突破与进展。习近平总书记在2013年的中央农村工作会议上就指出："积极稳妥利用国际农产品市场和国外农业资源是一项长期战略布局，实际上我国一直在实施。据测算，通过国际贸易和合作，我们利用了国际上相当于七亿亩播种面积的土地生产粮食和大豆、棉花、糖料等农作物。现在，有必要积极稳妥扩大这一战略布局，但必须谋定而后动。"[①]新国家粮食安全观的提出，可以说就是我们立足国内、放眼世界保障国家粮食安全的"谋动而后动"。这种统筹国际国内两种资源两个市场的粮食安全视角，把我国的国家粮食安全问题置于全球经济发展的大格局之中，一方面立足于国内的资源与市场，另一方面通过贸易和合作开发利用国际的资源与市场。这样的选择，不仅能够打牢我国粮食安全的坚实基础，而且也能够增添我国粮食安全的回旋余地。

第三节　国家粮食安全战略

　　在2013年年底召开的中央经济工作会议和中央农村工作会议

---

　　① 《习近平关于"三农"工作论述摘编》，中央文献出版社2019年版，第80—81页。

上，习近平总书记在提出新粮食安全观的同时，还明确提出了"以我为主、立足国内、确保产能、适度进口、科技支撑的国家粮食安全战略。"① 应当说，习近平总书记当时是把"谷物基本自给、口粮绝对安全"作为国家粮食安全战略的目标阐述的，但这样的目标一经提出就被人们理解为新的粮食安全观，既是事实，也是很有道理

自主育种　端牢饭碗

育中国种子，端中国饭碗。

的。这同时也表明其广为人们认可与接受。国家粮食安全战略与新国家粮食安全观的关系就其本质而言，可以概括为目的与手段或意图与手段的关系。手段服务于目的，采取手段是为了实现意图。本节将围绕国家粮食安全战略五个方面的基本内容来展开。

一、以我为主的战略主动

"战略"一词本来是个军事术语，意指作战的谋略或者指导战争全局的计划和策略，后来用于比喻在一定历史时期指导全局的方略。显然，在国家粮食安全战略中最根本与最关键的就是习近平总书记的"饭碗说"，十多亿中国人的饭碗在任何时候和任何情况下都要牢牢端在自己手上。这也是"手中有粮、心里不慌"的朴素话语中所蕴含的大道理。悠悠万事，吃饭为大。解决吃饭问题的主动权只有掌握在自己手中心里才踏实，做人做事也才有底气，才不会陷于受制于人的被动。这样的道理，不仅对个人是如此，对一个家

---

① 《习近平关于"三农"工作论述摘编》，中央文献出版社 2019 年版，第 67 页。

庭或一个群体也是如此，对一个国家或地区更是如此。

独立自主、自力更生是我们党带领人民在长期的革命和建设实践中积累形成的宝贵经验。早在延安时期，面对抗日根据地严重的物质生活困难，就组织开展了大生产运动。八路军三五九旅在南泥湾发扬自力更生、奋发图强的精神，经过 3 年的奋战，把昔日荒凉的南泥湾硬是变成了"粮食堆满仓，麦田翻金浪，猪牛羊肥壮"的"陕北的好江南"，成为大生产运动的模范。毛泽东主席为当时拍摄的电影纪录片《生产、战斗结合起来》（后来改名为《南泥湾》）题写了"自己动手""丰衣足食"八个大字。邓小平同志在总结我国社会主义建设的历史经验时也明确指出："中国的经验第一条就是自力更生为主。我们很多东西是靠自己搞出来的。"①七十多年来，我国粮食总产之所以能够不断跃上新的台阶，最核心与最关键的因素就是牢牢掌握了国家粮食安全的自主权和主动权，做到了独立自主、自力更生，坚信有能力依靠自己的力量把中国人的吃饭问题解决好。

我国拥有世界近五分之一的人口，想要依靠别人解决亿万人民的吃饭问题，不仅不现实也是不可能的。这也就意味着：任何时候我们都不能丧失国家粮食安全的主动权和主导权。从这个意义上讲，粮食确实是关系国计民生的重要战略物资，我们在任何时候和任何情况下都不能放松依靠自身的努力奋斗确保国家粮食安全这根弦。只要我们能够始终坚持以我为主解决十多亿人口的吃饭问题，我国的粮食安全就不会出现大的问题。过去的历史事实多次证明：只要粮食不出大的问题，中国的事情就能稳得住。因此，在确保国家粮食安全这个问题上，牢牢掌握以我为主的战略主动权，既是我

---

① 《邓小平文选》第二卷，人民出版社 1994 年版，第 406 页。

们每一代中国人要肩负的历史使命，也是我们每一代中国人应具有的时代担当。

二、立足国内的战略依托

立足国内基本解决我国亿万人民的吃饭问题，确保中国人的饭碗牢牢端在自己手上，而且碗里主要装中国粮，这是由我们所必须面对的世情国情与农情粮情所决定的。习近平总书记在 2013 年年底的中央农村工作会议上指出："一个国家只有立足粮食基本自给，才能掌握粮食安全主动权，进而才能掌控经济社会发展这个大局。"① 这也就是说，确保国家粮食安全，以我为主的基本立足点是国内的资源；利用国内资源实现粮食基本自给，是国家粮食安全的基本着眼点。因此，我国的粮食安全必须把主要精力放在国内资源的开发利用上。如果我们的谷物不能做到基本自给，我们的口粮不能做到绝对安全，不仅会影响整个国家经济社会发展大局，在国际上也会带来一系列的连锁反应。少数人散布的"中国粮食威胁论"之所以有一定的市场，一个重要的原因就是我国的粮食安全问题重大而敏感，很容易成为热点话题。

放眼世界，立足国内无一不是大国粮食安全的必由之路。世界上真正强大的国家，都是有能力解决自己的吃饭问题的。美国是世界第一粮食出口国、农业最强国，俄罗斯、加拿大和欧盟的大国也是粮食强国。尽管我国的国情特别是人口状况和资源条件与这些粮食强国有很大的不同，但如果我们不能通过立足国内解决好国家的

---

① 《习近平关于"三农"工作论述摘编》，中央文献出版社 2019 年版，第 72 页。

粮食安全问题，就不可能成为粮食强国，甚至很难说会真正地进入世界强国之列。对此，我们必须始终保持清醒的头脑，看清我们目前仍处于发展中大国的国际地位。同时也要看到，随着综合国力的提升，我们对世界粮食安全的责任也在加大，这对我们立足国内确保国家粮食安全也提出了更高的要求。

依靠自己的力量和依托国内的资源是我们确保国家粮食安全的"家底"。这正如居家过日子，虽然手中的资源有限，但人是活的，人是经济活动中最活跃和具有能动性的生产要素。人民群众中蕴含着无穷的创造力。我国的粮食产量在过去的几十年里能够登上几个亿吨的大台阶，近年来更是实现了从未有过的"十六连丰"，在彰显人民群众的智慧与创造力的同时，也意味着国内资源始终是国家粮食安全的基本依托。只要我们始终坚持立足国内解决亿万人民的吃饭问题，我们就一定会继续在中华大地上谱写出国家粮食安全的新篇章，一定会继续为世界粮食安全作出我们应有的贡献。

三、确保产能的战略基石

粮食综合生产能力，是指一个国家或地区在一定时期内，由当时的资源状况和经济、技术条件所决定的，各种生产要素综合投入所形成的，可以相对稳定实现一定产量的粮食产出能力。主要包括资源保障、物质装备、科技支撑、抗御风险和政策支持等五个方面的能力。可以说，粮食综合生产能力是国家粮食安全能力与水平的具体体现。只有粮食综合生产能力的不断提升，才能持续保障国家粮食安全。也正因如此，我们必须在确保产能方面不懈努力，坚定不移地在保护和提高粮食产能上下功夫，实实在在地稳固粮食综合生产能力这个国家粮食安全的基石。

有效保护和不断提升粮食产能是个长期性的任务，要求我们不断深化对粮食综合生产能力的基本特点和运行规律的认识与把握。归纳起来，粮食综合生产能力具有以下特点和规律：

一是粮食综合生产能力由多种要素构成，能力建设需有全面性。各种要素对粮食生产能力的形成既相互促进，又相互制约。每个要素在粮食综合生产能力建设中都不可或缺，起着独特作用。一种要素的变化往往会制约和影响其他要素作用的发挥，并影响粮食生产，符合经济学的"短边法则"。提高粮食综合生产能力不能畸轻畸重，必须全面加强建设。

二是粮食综合生产能力和实际产出水平存在一定的差距，能力建设需有超前性。粮食综合生产能力既表现为一定的粮食产量，又包涵了一定的粮食增产潜能。当各种要素同时充分发挥作用时，粮食产量接近粮食生产能力；当各种要素不能同时充分发挥作用时，当期粮食产量往往低于粮食生产能力。要确保一定的产出，就必须超前建设，使能力明显高于要达到的产出水平。

三是粮食综合生产能力是动态变化的，能力建设需有稳定性。一个时期粮食产量的波动往往与能力的不稳定有关，当粮食生产能力达到一定水平时，如果不注意保护，很容易出现下滑的局面，导致粮食产量大起大落，粮食生产能力易降不易升。特别是在全面放开粮食市场的条件下，能力建设面临更多的不确定性。要实现粮食的稳定增产，就必须大力保护粮食综合生产能力，稳定建设粮食综合生产能力。

四是粮食综合生产能力的提高是长期积累的结果，能力建设需有持续性。提高粮食综合生产能力是一个缓慢的过程，从一个台阶上升到更高的台阶需要几年、十几年甚至更长的时间。水平越高，再上新台阶的难度就越大。只有各种要素不断地积累，才能取得整体突破。提高粮食综合生产能力必须持之以恒，不能松懈和停顿。

粮食综合生产能力的上述特征与规律意味着：粮食综合生产能力建设，既要重视提高，抓增量，以形成新的能力；也要加强保护，守住存量，保持现有能力不下降。可以说，只有建立在守住存量基础上的"提高"才是真正的提高。否则，如出现一部分地区能力提升赶不上另一部分地区能力下滑，那么稳定现有能力也会是十分困难的。因此，在确保国家粮食产能上，必须努力做到粮食综合生产能力建设保护与提高并重，只有"能力提高"与"能力保护"两手抓、两手都要硬，才能将稳定和增加粮食综合生产能力真正落到实处，进而也才会夯实国家粮食安全的坚实基础。

四、适度进口的战略平衡

如何看待谷物特别是大豆的进口问题？是进入 21 世纪以来人们关注我国粮食安全的一个焦点话题。这个问题，不仅国内各方面高度关注，而且在国际上也十分敏感。国家粮食安全战略将"适度进口"纳入我国粮食安全的战略布局之中，既是基于对国家粮食安全能力与水平的底气和信心的综合考量，也是充分考虑到我国粮食进出口贸易的现实与可能。历史事实已经表明，我们是能够依靠自己的力量解决十多亿人口的吃饭问题的，我国的粮食综合生产能力是能够实现粮食基本自给的。但是，这并不意味着我们一定要完全依靠国内生产保持粮食供求的总量平衡与结构平衡。社会中的分工与合作，是人类生存的伟大法则，在世界一体化和经济全球化的时代大趋势下，利用国外资源和国际市场是我国实现国家粮食安全应具有的世界眼光与格局视野，而且世界农业资源与粮食国际市场也给我们提供了可以利用的进口空间。因此，保持粮食的适度进口是有利于我们做好国内粮食供求平衡的，也是有助于缓解我们必须长期面对的国内资源环境压力的。

我国的粮食供求平衡，既有总量矛盾，也有结构矛盾。进口谷物的重点是进行品种调剂，主要针对的是一些品种的结构矛盾。如强筋小麦、弱筋小麦、啤酒大麦等专用品种供不应求，需要适量进口弥补国内不足。同时，国内日趋多元化的消费需求，也需要进口一些国外特色调剂品种。进口大豆的重点是余缺调剂，原因是国内食用植物油的供给存在较大缺口和养殖业的饲料需求快速增长。在国内生产不足和供给难以满足的情况下，综合考虑现实与可能，我们通过增加大豆进口来缓解国内供求矛盾的选择是可行的。1996年我国由大豆出口国转为进口国，2000年大豆进口首次突破1000万吨（进口量为1041.9万吨），2012年大豆进口量达到5838.5万吨。在很大程度上可以说，是我国的大豆消费需求增长带动了美国、巴西、阿根廷等主要生产国的大豆生产。这也意味着：在国内大豆播种面积下降、总产处于徘徊甚至减少的情况下，进口大豆弥补了国内的需求缺口和缓解了大豆的供需矛盾。这在某种程度上也可以说，大豆进口增加比较充分地反映了我们利用国外资源与国际市场平衡国内粮食供求的实践探索情况，尽管其中有经验也有教训。

我国粮食进口的前提是保持国内生产的持续稳定，适度进口并不等于放松国内粮食生产。如果以可以增加进口为理由而放松国内生产发展，其代价是高昂的，也会直接威胁到国家的粮食安全。我们需要用一颗"平常心"来客观地看待我国的粮食进口，既要看到进口部分粮食的积极作用，也要防范过量进口的负面影响。适度进口的关键在于"适度"。这里的"适度"至少有三层含义：一是充分考虑当时的国际局势与世界粮食供求状况，将我国的粮食进口纳入全球经济社会发展的大格局中，而不是纠结于年度性的进口是多了点还是少了点。有时可能多进口一些是适度，有时可能少进口一些是适度。二是进口的品种与数量的适度，就是要具体情况具体分析，品种可能多一些也可能少一些，数量可能增加一点也可能减少一点。三是进口的时机与节奏的适度，双赢乃至多赢是贸易的本质属性，掌控好进口的时机与节奏是个技术活儿。总之，适度进口是利用国外资源与国际市场确保国家粮食安全的一项战略性抉择，其目的是为了更加灵活有效地保障国家粮食安全。它立基于谷物基本自给、口粮绝对安全之上，是统筹利用国内国际两种资源两个市场维护国家粮食安全的战略平衡之道。

五、科技支撑的战略支点

阿基米德曾经说过："给我一个支点，我能撬动整个地球。"足以见找到一个支点对于撬动地球的重要性。同样，科技支撑在很大程度上可以说在国家粮食安全战略中就扮演着"支点"的角色。习近平总书记 2013 年 11 月 27 日在山东省农业科学院考察时提出"要给农业插上科技的翅膀"[1]，更是形象生动地阐述了科技对现代农业发展的强大推动力。在耕地、水等资源约束日益强化的现实条件下，我国粮食增产的根本出路在于依靠科技进步，重点是依靠科

---

[1] 《习近平关于科技创新论述摘编》，中央文献出版社 2016 年版，第 93 页。

技进步提高粮食的单产水平。确保实现谷物基本自给、口粮绝对安全的目标，要求我们必须把科技进步贯穿于粮食产业发展的全过程，实实在在地、一个环节一个环节地提高粮食产业的科技含量。

发挥科技在国家粮食安全中的支撑作用，不仅要运用科技提高粮食产量，而且要运用科技提高质量；不仅要靠科技进步提高粮食产业的效率，而且要靠科技进步提高粮食产业的效益；不仅要依靠科技创新把粮食产业做大做强，而且要依靠科技创新增强粮食产业的市场竞争力。我们既要看到在粮食产业的科技贡献率方面与农业强国的差距，更要看到提高我国粮食产业科技贡献率的潜力。"杂交水稻之父"袁隆平说他有两个梦：一个是禾下乘凉梦，梦想实验田里的超级杂交稻长得有高粱那么高、稻穗有扫把那么长、谷粒有花生米那么大，我坐禾下悠闲纳凉；另一个是杂交稻覆盖全球梦，希望全世界不再有饥荒，人类不再忍受饥饿。人生有梦就有希望，就有奋斗目标和努力方向。当今时代的农业是市场化的农业、产业化的农业、数字化的农业和可持续的农业，这为科技进步提供了广阔的舞台和大有作为的空间。依靠科技进步，不仅在粮食生产环节可以降本增效，而且在粮食的储运、流通、加工乃至消费环节都可以提高效率和增加效益。

一粒种子可以改变一个世界，一项技术能够创造一个奇迹。科技进步无止境，依靠科技确保国家粮食安全的努力没有穷期。农业的出路在现代化，农业现代化的关键在科技进步与创新，粮食安全的希望和主攻方向在科技成果的不断创新与推广应用。只要我们紧紧地抓住科技支撑这个

创新的力量
创新引领中国农业，创新创造农业未来。

国家粮食安全的战略支点，在攻克和守住农业科技进步这个世界农业的战略制高点上不懈努力奋斗，就一定会给我国的农业插上科技的腾飞翅膀，我们的国家粮食安全就一定会沿着正确的方向行稳致远，确保中国人的饭碗牢牢掌握在自己手中和继续为世界粮食安全作出应有的贡献。

本章结语

只有观念才能战胜观念和改变行动。粮食安全在我国有着极端的重要性，任何时候和任何情况下都忽视不得、放松不得。理解把握大农业、大食物和大粮食的粮食安全概念，坚持在新的国家粮食安全观的引领下守稳守牢谷物基本自给、口粮绝对安全的底线，积极稳妥地推进实施"以我为主、立足国内、确保产能、适度进口、科技支撑"的国家粮食安全战略，是我们积极应对百年未有之大变局中可能面临的各种风险挑战与诸多不确定性的应尽职责和应有担当，是我们践行把中国人的饭碗牢牢端在自己手中之承诺的庄严使命与伟大事业。

习近平总书记 2020 年 5 月 23 日在看望参加全国政协十三届三次会议的经济界委员并参加联组会时指出，对我们这样一个有着 14 亿人口的大国来说，农业基础地位任何时候都不能忽视和削弱，手中有粮、心中不慌在任何时候都是真理。这次新冠肺炎疫情如此严重，但我国社会始终保持稳定，粮食和重要农副产品稳定供给功不可没。① 总书记的讲话，不仅是对我们长期不懈努力立足国内确保国家粮食安全的充分肯定，而且使我们更加深化了对确保国家粮食安全的"真理性"认识。我们必须始终牢记：保障国家粮食安全是我们必须面对的一个永恒课题，这是由世情国情与农情粮情所决定的；粮食安全既是国家安全的重要基础，也是在实施乡村振兴战略中奠定产业兴旺这个基础的首要任务。

———————

① 《坚持用全面辩证长远眼光分析经济形势　努力在危机中育新机　于变局中开新局》，《人民日报》2020 年 5 月 24 日。

第二章

中国特色粮食安全道路

● 本章提要 ●

　　我国作为世界第一人口大国，经过 70 多年的不懈努力，不仅从根本上解决了亿万人民的生活温饱问题，而且实现了十多亿人从温饱迈向小康的历史性跨越，特别是 2012 年以来粮食总产连续八年稳定在 6 亿吨以上（2015 年以来谷物产量连续五年稳定在 6 亿吨以上），可以说，我们已经走出一条中国特色的粮食安全道路。深化对中国特色粮食安全道路的理解与认识，不仅有助于把握 70 多年来的奋斗历程和取得的辉煌成就，增强依靠自己的力量确保国家粮食安全的道路自信；而且也有助于把握今后的努力方向和坚持的基本原则，始终不渝和一以贯之地谱写新时期确保国家粮食安全的新篇章。本章拟结合 70 多年来的实践探索从以下五个方面呈现这一道路：一是瞄准增产增收增效，粮食总产先后迈上几个亿吨大台阶，在生产稳定发展中提升国家粮食综合生产能力。二是瞄准保障粮食供给，先是在短缺条件下实行粮食统购统销，之后是通过粮食流通市场化改革转向全面放开搞活粮食流通。三是着眼应对自然灾害、重大突发事件等风险与不确定性，探索建立国家粮食储备调节体系，不断增强储备调节能力和拓展储备调节功能。四是着眼拓展优化粮食产业，围绕粮食产业化经营发展粮食加工与社会化服务，优化生产区域布局和延伸粮食产业链条。五是由内向外拓展国家粮食安全的视野，不断扩大农业领域的对外开放，深化粮食贸易合作和展现我国作为一个发展中大国在世界粮食安全中的责任担当。

　　"道路决定命运，找到一条正确道路是多么不容易。"①这句有感而发的高度概括是习近平总书记于 2013 年 12 月 26 日在纪念毛泽东同志诞辰 120 周年座谈会上的讲话中所讲的。尽管这是总书记针对我们党领导人民开辟的中国特色社会主义道路而言，但可以说其内涵既包括也适用于新中国成立以来我们一路艰辛所走出来的中国特色粮食安全道路。70

筑牢根基
从中国农业现代化历程，看中国特色粮食安全道路。

多年来，在党的坚强领导下，亿万人民经过长期坚持不懈的努力奋斗，依靠自己的力量成功地解决了当初许多人不可想象的吃饭问题，卓有成效地提升了国家粮食安全的能力与水平，进而也夯实和奠定了经济社会全面发展的农业基础。70 多年来的艰辛探索与负重前行，我国的农业发展取得了令世人瞩目的辉煌成就，粮食总产不断迈上新的台阶，亿万人民的生活实现了从不得温饱到解决温饱再到迈向全面小康的历史性跨越。这不仅确保了我们自己的国家粮食安全，也为世界粮食安全作出了重大贡献。究其原因，很大程度上就是我们在几十年实践探索中走出了一条中国特色的国家粮食安全道路。本章将结合新中国成立特别是党的十八大以来的实践探索阐述中国特色粮食安全道路的基本路径与主要特点。

---

　　① 习近平：《在纪念毛泽东同志诞辰 120 周年座谈会上的讲话》，人民出版社 2013 年版，第 14 页。

第一节　稳定发展粮食生产

我国是世界第一人口大国，解决亿万人民的吃饭问题只能是立足国内依靠自己来解决。70 多年来，党和国家始终坚持把解决亿万人民的吃饭问题作为治国安邦的首要任务。艰难困苦，玉汝于成。1949 年全国粮食产量只有 11318 万吨，比旧中国历史上最高的 1936 年 15000 万吨下降 24.5%，人均粮食占有量仅有 209.5 公斤。2019 年全国粮食总产达到 13227 亿斤，连续五年稳定在 1.3 万亿斤以上；人均粮食占有量为 474.9 公斤，连续多年超过人均 400 公斤的国际粮食安全线。本节将围绕稳定发展粮食生产这条主线，从粮食总产跃升台阶、改善生产条件和政策引导扶持三个方面阐述 70 多年来我国粮食生产发展的基本轨迹。

一、粮食产量迈上几个台阶

70 多年来我国粮食总产发生的巨大变化，如果以亿吨计，可以说是先后迈上了五个台阶，即：1966 年总产 21400 万吨，1978 年总产 30477 万吨，1984 年总产 40731 万吨，1996 年总产 50454 万吨，2012 年总产 61223 万吨。这一变化，如果以千亿斤计，则先后登上了十一个台阶，除前述五个年份分别登上了 4000 亿斤、6000 亿斤、8000 亿斤、1 万亿斤和 1.2 万亿斤的台阶外，余下的六个年份分别是：1952 年总产 16392 万吨，1971 年总产 25014 万吨，1982 年总产 35450 万吨，1993 年总产 45649 万吨，2010 年总产 55911 万吨，2015 年总产 66060 万吨。这样的数字看似有些枯燥，

（单位：万吨）

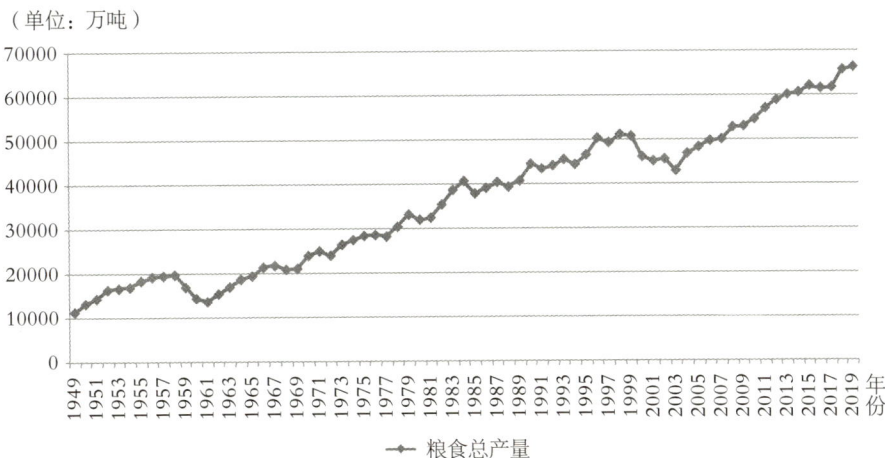

图 2-1　1949—2019 年我国粮食总产量

资料来源：《中国统计年鉴》。

但其背后则是我们长期坚持不懈发展粮食生产的努力奋斗。同时，这也绝不意味着我国粮食增产过程是一帆风顺的。下面拟结合历史背景对 70 多年来我国粮食生产的阶段性发展变化作些简要分析。

改革开放前我国粮食生产先后迈上 2 亿吨和 3 亿吨的台阶，具体可划分为以下几个阶段：

（一）1950—1952 年的国民经济恢复时期粮食生产连年快速增长，三年年均增幅达 13.1%。其原因最根本的是土地改革基本政策的确立和顺利推进，"耕者有其田"的土地改革实现了农民千百年来梦寐以求的愿望，极大地解放了农村生产力，调动了亿万农民的生产积极性。

（二）1953—1958 年粮食生产一直保持了增长的势头，年度增幅表现为两头低中间高。这一阶段，一方面是生产的组织方式不断变化，农村合作化运动通过初级社、高级社等形式把农民一家一户的分散经营转变为集体统一经营，并最终确立了"一大二公""政社合一"的人民公社体制；另一方面是粮食统购统销体制的确立，把粮食的生产和流通纳入了计划经济的运行轨道。

（三）1959—1961年的三年大幅减产，是新中国首次出现大的农业危机。除严重自然灾害影响外，减产的一个重要原因是"大跃进"和人民公社化破坏了农村生产力，进而对粮食生产造成直接冲击。

（四）1962—1966年连续增产，粮食总产首次突破2亿吨大关。这主要得益于"调整、巩固、充实、提高"八字方针和《农业十二条》的贯彻落实。

（五）1967—1969年的粮食生产出现徘徊，主要原因是"文化大革命"前期一系列"左"倾错误干扰破坏了农村正常的生产秩序和农村经济政策的贯彻落实，挫伤了广大基层干部和农民群众的生产积极性。

（六）1970—1978年的粮食生产情况是：1970年粮食大幅增产579.8亿斤，这主要得益于农村形势开始趋于相对稳定和中央对《农业六十条》等一系列曾被批判和抛弃的农村经济政策的重申和进一步明确。1971年继续增产，粮食总产达到25014万吨，登上5000亿斤台阶。1972年小幅减产之后是连续三年增产，1976年和1977年是处于徘徊状态。1978年增产441亿斤，增幅为7.8%，粮食总产迈上3亿吨的台阶。

改革开放以来我国的粮食生产先后迈上4亿吨、5亿吨和6亿吨三个大台阶，具体可划分为以下几个阶段：

（一）1979—1984年，在短短的六年时间里，粮食总产增长33.6%，首次迈上4亿吨的台阶。这六年粮食生产"五增一减"，且1982—1984年连续三年的年增产在400亿斤以上。如此大幅度的增产充分展现了综合运用多种政策手段的巨大威力：一是家庭承包经营制度的确立和推行，二是粮食统购价的大幅提高、调减征购基数及减少统购品种，三是过去多年积累的农田水利等基础设施建设的增产潜能得到充分释放，四是优良品种、先进实用技术的推广普及、化肥等农资投入的增加及农机装备水平的提高。

（二）1985—1988年，粮食产量先是大幅下降，之后三年是"两增一减"，粮食总产在4亿吨上下徘徊。1985年的粮食总产37911万吨，减产2820万吨，减幅为6.92％。这一大幅减产的主要原因是在粮食供给总量出现低水平过剩的情况下，政策调整取向在深化改革的同时传递出明显的抑制生产信号。这集中反应在取消粮食统购改为合同定购和市场收购相结合的重大改革举措，被不少人认为是对粮食生产发展"连砍几刀"。

（三）1989—1993年，粮食总产"四增一减"，先是两年增产，接下来是一年减产，然后是两年恢复性增产。其中的1990年和1993年均创粮食总产历史新高，1993年登上9000亿斤的台阶；而1991年的减产则主要因为南方地区遭受比较严重的水灾。这一时期粮食生产的恢复发展，是在国民经济三年治理整顿（1989—1991年）的背景下实现的；而且1992年国务院出台了《关于发展高产优质高效农业的决定》，明确提出20世纪90年代的农业发展要转入高产优质并重、提高效益的新阶段。

（四）1994—1998年，这五年尽管粮食总产"三增两减"，但总产量在1995年就超过1993年，1996年则出人意料地攻克5亿吨大关，1998年更是达到51230万吨。这五年可以说是政策变动剧烈和对粮食生产支持力度最大的时期，一是1994年和1996年先后两次大幅度提高粮食定购价格，二是1995年开始实行"米袋子"

省长负责制，三是落实 1993 年颁布的农业"两法"（《农业法》和《农业技术推广法》）加大政府的支农投入。这一时期如此大幅度的粮食增产，在有力地回应了当时国际上有人提出"谁来养活中国的"质疑的同时，也使我国再度出现粮食供大于求的局面。

（五）1999—2003 年，粮食总产几乎是一路下滑，这五年"四减一增"，2003 年粮食总产降至 43070 万吨，为 20 世纪 90 年代以来的最低水平。这一时期，推进农业结构战略性调整成为国家农业政策的主导方向，粮食面积和产量的变化与上一阶段形成强烈反差。尽管这几年国家的粮食库存充裕，但年度产需缺口的不断扩大，使得遏制粮食生产下滑、尽快实现明显的恢复性增长成为了当务之急。

（六）2004 年以来，我国粮食生产保持了持续增长的势头，不仅 2007 年重新登上 5 亿吨台阶和 2010 年突破 5.5 亿吨，而且在 2012 年迈上了 6 亿吨这个大台阶，特别是 2015 年之后一直稳定在 1.3 万亿斤以上。这一时期，可以说是我国粮食持续稳定发展的最好时期。自 2003 年下半年以来，国家陆续出台稻谷和小麦最低收购价、玉米和大豆临时收储、种粮直补、良种补贴、农资综合直补、农机具购置补贴、产粮大县奖励以及在 13 个粮食主产区启动优质粮食产业工程等一系列生产扶持政策，2006 年全面取消了农业税这个有着 2600 年历史的"皇粮国税"。特别是党的十八大以来，在"谷物基本自给、口粮绝对安全"的国家粮食安全观引领下，"以我为主、立足国内、确保产能、适度进口、科技支撑"国家粮食安全战略稳步推进，我国粮食生产沿着

水利粮丰
水利，粮食的命脉，丰产的保障。

清晰的"路线图"愈发坚定地行稳致远，并踏踏实实地提升了国家粮食安全保障的能力与水平。

二、持续改善粮食生产条件

播种面积和单产水平是形成粮食产量的两大因素，而我国的基本国情和农情决定了提高粮食产量只能更多依赖单产水平的提升。我国粮食总产不断迈上新台阶主要是建立在单产水平持续提升基础上的，70 多年来粮食单产增加了 4 倍多。1949 年我国粮食平均亩产仅为 68.6 公斤，1965 年稳定在 100 公斤以上，1982 年突破 200 公斤，1998 年突破 300 公斤，到 2019 年达到 381 公斤。这其中蕴含的则是我们在改善粮食生产条件方面的不懈努力与艰苦奋斗。

水利是农业的命脉，农田水利基本建设始终是我国改善粮食生产条件的一条重要主线。新中国成立之初，全国仅有 22 座大中型灌溉水库，农田有效灌溉面积 1593 万公顷。从 1949 年冬至 1953 年春，全国的水利建设共完成土石方工程量 26 亿立方米，扩大灌溉面积 400 万公顷。在 1953 年到 1957 年的第一个五年计划时期，我国修建上百座大中型水库和骨干排水河道，增加农田有效灌溉面积 738 万公顷。1958 年冬至 1959 年春，全国出动兴修水利的人工达六七千万人。此后一直到 20 世纪 70 年代后期，每年都有数千万乃至上亿农民奋战在农田水利工程的工地上。其中，从 1960 年到 1969 年历经十年建成的河南林县"红旗渠"，更是孕育了"自力更生、艰苦创业、团结协作、无私奉献"的红旗渠精神。1978 年，全国农田有效灌溉面积增加到 4497 万公顷，比 1949 年增长 182%。可以说，持续多年投入大量人力物力财力修建的农田水利等基础设施，为改革开放后粮食总产迈上 4 亿吨的大台阶提供了重要的基础条件。改革开放以来，尽管农田水利建设的体制机制发生了重大变化，农田灌溉面积在 20 世纪 80 年代一度出现徘徊局面，但 90 年代特别是进入 21 世纪，随着国家水利建设投入的不断加大和体制机制的不断创新，农田水利建设的步伐明显加快。到 2019 年，全国农田有效灌溉面积达到 6800 万公顷，节水灌溉面积发展到 3533 万公顷，农田灌溉水有效利用系数达到 0.55。近十多年来，农田有效灌溉面积的增加和一系列节水技术的推广，为粮食单产的稳步提升和粮食总产迈上新的台阶作出不可或缺的重大贡献，有力地助推了粮食生产的持续稳定发展。

科技是第一生产力，农业的根本出路在于科技进步，粮食增产的关键是科技成果的推广应用。70 多年来，党和国家始终高度重视农业科技研发与推广。20 世纪 50 年代末，毛泽东主席要求全党干部学习农业科学技术，他带头深入农村，钻研农业科学技术，并把农业增产的基本措施概括为"土、肥、水、种、密、保、管、工"八个字，这就是著名的"农业八字宪法"。在袁隆平等人发现一株奇异的野生稻并培育出 3 粒珍贵种子的基础上，1971 年中国农林科学院和湖南省农业科学院组织全国杂交水稻科研协作，终于在 1973 年应用"三系"（雄性不育系、保持系、恢复系）配套成功选育出如今已广为人知的杂交水稻。[1] 这一重大突破，既是新中国农业科技发展的耀眼亮点，也是广大农业科技工作者辛勤汗水结出的丰硕成果。袁隆平因此也被誉为如今举世皆知的"杂交水稻之父"。改革开放以

---

[1] 《当代中国》丛书编辑委员会：《当代中国的农作物业》，中国社会科学出版社 1988 年版，第 87—88 页。

来，科技进步对粮食增产提质增效的支撑作用进一步显现。农业育种创新取得突破性进展，建立了超级稻、矮败小麦、杂交玉米等高效育种技术体系，品种大规模更新换代，主要粮食作物基本实现了良种全覆盖。农业科技成果转化应用的步伐加快，科学施肥、节水灌溉、地膜覆盖、绿色防控等技术在大面积得到推广，水肥药利用率明显提高，病虫草害损失率大幅降低。

种铸基石

一粒种子改变世界，多种手段铸造基石。

2019 年，我国农业科技进步贡献率达到 59.2%，水稻、小麦、玉米三大粮食作物的农药、化肥利用率分别达到 39.2% 和 39.8%。可以说，习近平总书记 2013 年 11 月在山东省农业科学院考察时提出"要给农业插上科技的翅膀"正一步一步地呈现在国人的面前，我国粮食增产提质增效的科技支撑也日益显现出其更加光明的前景。

农业机械化，曾经承载着几代人的农业现代化梦想，如今我国的粮食生产终于可以说已基本告别"面朝黄土背朝天"的传统田间劳作方式。我国的农业机械化事业，是从 20 世纪 50 年代初期开始白手起家的，因为旧中国的机械工业基础十分薄弱，农业机械工业几乎是处于空白，甚至解决农具严重不足都成为了当时恢复农业生产的急迫问题。继持续几年的农具改革运动之后，毛泽东主席于 1959 年 4 月 29 日以《党内通信》的形式，发表了一封致省、地、县、社、队，直至生产小队一级的信，信中提出"农业的根本出路在于机械化"[1]的著名论断，并要求"四年以内小解决，七年以内中

---

[1]　《毛泽东文集》第八卷，人民出版社 1999 年版，第 49 页。

解决，十年以内大解决"①。同年9月，农业机械部成立；同年11月，洛阳第一拖拉机厂建成投产，开始了新中国成批生产拖拉机的历史。为促进农业机械化的发展，国务院于1966年7月、1971年8月和1978年1月相继召开了三次全国农业机械化会议，在第三次会议上甚至提出了"1980年基本实现农业机械化"的任务。但是，这实际上是一个不可能完成的任务，而且可以说直到2000年也没有能够让人看到实现这一目标的曙光。1980年，全国农业总动力为14746万千瓦，但除了机械化程度较高的机耕面积达41.3%和机电排灌面积占到56.4%外，其余作业的机械化程度都很低。2000年，我国农机总动力达到52573.6万千瓦，农作物耕种收综合机械化水平为32.3%。进入21世纪，在2004年颁布实施的《中华人民共和国农业机械化促进法》②和开始实行的农机具购置补贴以及小麦跨

① 《毛泽东文集》第八卷，人民出版社1999年版，第49页。
② 2004年6月25日第十届全国人民代表大会常务委员会第十次会议通过，2018年10月26日第十三届全国人民代表大会常务委员会第六次会议修正。

区作业的推动影响下，我国的农业机械化
事业真正步入了快车道，粮食作物的全程
机械化成为了主攻方向。我国农作物耕种
收综合机械化水平在 2007 年达到 42.5%，
在 2010 年达到 52.3%，超过 50% 标志着
我国农业生产方式实现了由人畜力生产方
式为主转变为以机械化生产方式为主的历
史性跨越。2019 年，我国的农作物综合机

奔腾的农机
机器换人，农业腾飞。

械化率超过 70%，小麦、水稻、玉米三大粮食作物的耕种收综合
机械化率均已超过 80%，基本实现机械化。

　　此外，20 世纪 80 年代就开始推进的农业综合开发、近年来深
入推进的全国高标准农田建设，以及建立粮食生产功能区和重要农
产品生产保护区等，也在不断助推我国农业生产条件的改善和粮食
综合生产能力的持续提升。

三、构建粮食生产政策体系

　　政策是在一定时期为实现既定目标而提出的具体措施和制定的
行为准则。新中国成立以来，为解决亿万人民的吃饭问题，党和国
家制定了一系列发展粮食生产的政策。尽管这些政策在制定与落实
过程中有时也存在一些失误和偏差，但总体上可以说它们是非常成
功的。否则，就很难解释几十年特别是改革开放以来我国粮食生产
先后登上几个大的台阶，很难解释亿万人民生活温饱问题的基本解
决，很难解释我们即将实现的全面建成小康社会和打赢脱贫攻坚
战。正是在这些政策的引导扶持下，粮食的总产不断跃上新台阶和

粮食的单产不断创新高。归纳起来，我国的粮食生产支持政策主要有以下几个特点：

（一）粮食生产支持政策是一个完整的政策体系。粮食生产支持政策不仅涉及土地、水资源等的配置，也包括生产投入、生产组织和流通储运等多个方面，是由覆盖粮食生产的产前、产中和产后三个环节的诸多具体政策构成的完整政策体系。产前的支持政策主要有化肥、农药和农机等农用工业发展政策；产中主要有耕地和水资源的保护与利用政策、生产组织政策、农田水利基础设施投入政策、品种和区域布局政策、直接生产投入品政策、科技支持政策、金融服务与政策性保险政策、农民收入保障政策等；产后主要有价格支持政策、市场准入政策、进出口调控政策等。这些政策共同构成了粮食生产支持政策的基本框架。

（二）具体支持政策的功能、特点和时效性不尽相同。在粮食生产支持政策体系中，各项具体政策的功能、特点以及政策发挥作用的机理各有不同。例如，耕地保护和利用政策对粮食生产发展的支持作用，主要表现为通过保证必要的粮食播种面积和提高耕地利用效率以增加粮食产出；价格政策主要是通过影响农民的收入预期，进而影响农民的种植意向和生产行为来发挥对粮食生产的引导作用；科技政策主要是通过培育新的品种，推广先进农业技术，增加粮食生产的科技含量来影响粮食生产。保险政策主要是增强抗御各种自然灾害的能力，进而减少粮食生产者的因灾损失和促进粮食生产稳定发展。粮食生产具体支持政策的作用时效也不尽相同。有的政策要长期实施才能见到实效，如耕地和水资源保护政策、农田基础设施建设投入政策、农业科技创新和推广政策。有的政策则可以在很短的时期内发挥出政策效应，如价格政策、农资投入品政策以及粮食进出口政策等。

（三）粮食生产具体支持政策之间有很强的关联性。粮食生产支持政策由诸多具体政策构成，这些政策之间既相互支撑也相互制约，是一个有机整体，如能发挥这些政策的配套作用，就能够相互支撑，相得益彰。如在改革开放初期，家庭承包经营和大幅度提价是当时粮食生产发展的主导政策，但并不意味着其他政策不重要。如果没有改革开放前长期开展的农田水利等基础设施建设所积累的巨大潜能，没有杂交水稻、杂交玉米和新的小麦品种的储备，没有化肥等农用生产资料投入的明显增加，很难设想当时会有连续几年大幅增产的局面。同样，1996—1999 年粮食总产连续四年保持在接近或超过 5 亿吨，固然与 1994 年和 1996 年两次大幅提价的刺激有直接关系，但前几年国家财政支农力度的增强等因素也发挥了重要作用。2004 年以来，我国粮食保持持续稳定发展的良好势头，更是稻谷与小麦最低收购价、玉米与大豆临时收储、四项补贴（种粮直补、良种补贴、农资综合补贴和农机具购置补贴）、取消农业税、产粮大县奖励、金融支持和农业保险等诸多扶持政策综合作用的结果。

表 2-1 2004—2016 年"四项补贴"情况

（单位：亿元）

年份	粮食直补	农资综合补贴	农机具购置补贴	良种补贴	合计
2004	116	—	0.7	28.5	145.2
2005	132	—	3	37.5	172.5
2006	142	120	6	41.5	309.5
2007	151	276	20	66.6	513.6
2008	151	716	40	123.4	1030.4
2009	151	716	130	198.6	1195.6

续表

年份	粮食直补	农资综合补贴	农机具购置补贴	良种补贴	合计
2010	151	716	155	204	1226
2011	151	835	175	220	1381
2012	151	1078	215	224	1668
2013	151	1078	217.5	226	1672.5
2014	151	1078	236.4	214.5	1679.9
2015	140.5	1071	237.5	203.5	1652.5
2016	140.5	1071	238	203.5	1653

数据来源：参见陈锡文、罗丹、张征：《中国农村改革40年》，人民出版社2018年版，第196页。

表 2-2　2004—2019 年小麦、稻谷最低收购价变化

（单位：元/斤）

年份	小麦最低收购价			稻谷最低收购价		
	白小麦	红小麦	混合麦	早籼稻	中晚籼稻	粳稻
2004	—	—	—	0.70	0.72	0.75
2005	—	—	—	0.70	0.72	0.75
2006	0.72	0.69	0.69	0.70	0.72	0.75
2007	0.72	0.69	0.69	0.70	0.72	0.75
2008	0.77	0.72	0.72	0.77	0.79	0.82
2009	0.87	0.83	0.83	0.90	0.92	0.95
2010	0.90	0.86	0.86	0.93	0.97	1.05
2011	0.95	0.93	0.93	1.02	1.07	1.28
2012	1.02	1.02	1.02	1.20	1.25	1.40
2013	1.12	1.12	1.12	1.32	1.35	1.50
2014	1.18	1.18	1.18	1.35	1.38	1.55
2015	1.18	1.18	1.18	1.35	1.38	1.55
2016	1.18	1.18	1.18	1.33	1.38	1.55

续表

年份	小麦最低收购价			稻谷最低收购价		
	白小麦	红小麦	混合麦	早籼稻	中晚籼稻	粳稻
2017	1.18	1.18	1.18	1.30	1.36	1.50
2018	1.15	1.15	1.15	1.20	1.26	1.30
2019	1.12	1.12	1.12	1.20	1.26	1.30

数据来源：国家发展和改革委网站相关年份关于稻谷、小麦最低收购价的通知。

粮食生产支持政策体系的形成与完善是一个动态的过程。如近年来的"三补合一"（良种补贴、种粮直补、农资补贴整合为农业支持保护补贴）、大豆目标价格补贴、玉米生产者补贴、金融与保险政策支持力度不断加大等，都是根据情况变化作出的必要政策调整。总体上看，尽管我国粮食生产扶持政策还有不少需要完善的地方，但我们已经搭建起符合我国国情的扶持政策框架体系，今后政策调整与完善的重点将是进一步的充实内容和加大力度，不断把行之有效的扶持政策法律化和制度化，更好地发挥政策扶持对粮食生产持续稳定发展的"保驾护航"作用。

第二节　扎实搞活粮食流通

粮食流通问题，一方面涉及生产者的种粮利益实现，也就是生产出来的粮食能否卖得出和卖出个好价钱；另一方面涉及消费者的粮食供给保障，也就是广大消费者能否买得到和买得起足够的粮食。从 20 世纪 50 年代确立粮食统购统销体制到改革开放以来的粮食购销市场化运行，我国的粮食流通体制改革与发展可谓是波澜壮阔，在 70 多年的发展与改革史上留下浓重的一笔。本节将从改革开放前的粮食统购统销、艰难前行的粮食购销市场化和购销全面放开后的粮食流通等三方面阐述我国粮食流通所发生的重大变化。

一、改革开放前的粮食统购统销

在改革开放前，我国的粮食购销经历了由国营商业领导下的自由购销转向统购统销的重大体制转变，而且粮食统购统销也成为了我国传统计划经济体制的重要组成部分。因此，了解和正确认识粮食统购统销，是理解后来的粮食购销市场化改革的重要前提，也有助于我们今天在社会主义市场经济的体制背景下更有针对性地搞活粮食流通和更有效率地做好十多亿人的粮食安全保障。

在 1950—1952 年的国民经济恢复时期，面对粮食产需与供求的尖锐矛盾，党和政府在积极组织恢复和发展粮食生产的同时，果断地采取一系列有效措施扭转粮食市场剧烈动荡局面：一是通过征收公粮以及国营公司在市场上收购粮食和依靠合作社或委托私商代购，尽可能地掌握粮源；二是通过加强市场管理发挥国营商业在市场上的主导作用，组织国营公司适时吞吐以平抑粮价和稳定市场；三是通过扩大国营公司直接供应的粮食数量，逐步扩大粮食零售阵地以减少中间盘剥。在当时的历史条件下，这些政策措施的贯彻落实，基本上保证了粮食市场的正常供应和价格的基本稳定。

从 1953 年开始，随着国家经济建设

从粮票到期货
畅通粮食流通渠道，完善粮食贸易市场。

的大规模展开，对商品粮的需要日益增长，国家的粮食收支难以平衡，粮食市场供应十分紧张，而且从 1952 年下半年就开始出现的多地抢购粮食现象在 1953 年不断蔓延扩展。为此，在深入调查研究和广泛征求意见的基础上，中央于 1953 年 10 月作出了《关于实行粮食的计划收购与计划供应的决议》（以下简称《决议》），政务院于 11 月发布《关于实行粮食计划收购和计划供应的命令》（以下简称《命令》），并从 12 月起在全国范围内贯彻实施粮食的计划收购与计划供应（简称"统购统销"）。

　　具体说来，粮食统购统销的基本内容主要包括四个方面的政策：一是对农村余粮户实行粮食计划收购（简称"统购"）。政务院的《命令》规定："生产粮食的农民应按国家规定的收购粮种、收购价格和计划收购的分配数量将余粮售给国家。"按此规定，国家在农村统购粮食的对象是农村生产粮食的余粮户，所要统购的是余粮户的余粮。所谓余粮户，就是留足其全家口粮、种子、饲料和缴纳农业税外还有多余粮食的农户。对余粮户的余粮，一般统购 80%—90%。二是对城市居民和农村缺粮人民实行粮食计划供应（简称"统销"）。按政务院《命令》的规定，粮食统销不仅要保障包括县以上城市，而且包括集镇、缺粮的经济作物产区、农村人口中大约十分之一左右的缺粮户和灾区灾民的粮食供应。按照这个范围，国家在城乡保证供应粮食的人口总数接近两亿，超过当时全国总人口的三分之一。三是实行由国家严格控制粮食市场，严禁私商自由经营粮食。按照政务院的《命令》规定，一切有关粮食经营和粮食加工的国营、地方国营，公私合营、合作社经营的粮店和工厂，统一归当地粮食部门领导；所有私营粮商一律不许私自经营粮食，但得在国家严格监督和管理下，由国家粮食部门委托代理销售粮食；所有私营粮食加工厂及经营性的土碾、土磨，一律不得自购原料，自销产品，只能由国家粮食部门委托加工或在国家监督和管理下，代消费户按照国家规定的加工标准从事加工。四是实行在中央统一管理下，由中央与地方分工负责的粮食管理。中央为保证粮食的计划收购和计划供应的实施，实行了"统一管理，统一指挥和调度"的粮食管理体制。在《决议》中规定："所有方针政策的确定，所有收购量和供应量，收购标准和供应标准，收购价格和供应价格等，都必须由中央统一规定或经中央批准，地方则在既定的方针政策原则下，因地制宜，分工负责，保障其实施。"

在粮食统购统销政策的贯彻落实过程中，国家也根据情况的变化适时进行了具体政策措施的调整和完善。例如，1955年8月国务院发布《农村粮食统购统销暂行办法》和《市镇粮食定量供应暂时办法》，在农村全面实行粮食的定产、定购、定销（简称"三定"）和在市镇全面实行定量供应、凭证购粮。1958年在粮食管理体制上将中央集中统一管理改为分级包干、差额调拨，1962年又强调对粮食管理的集中统一，全国粮食的征购、销售、调拨由中央统一安排、实行分级管理；1958—1965年先后四次部分或全面提高粮食统购价格，1966年将稻谷、小麦、玉米、高粱、谷子、大豆六种粮食的平均统购价格提高到每50公斤10.82元，1965年实行粮食征购"一定三年"，1971年实行粮食征购"一定五年"；1972年开始实行统一征购、统一销售、统一调拨、统一库存的高度集中粮食管理体制。

粮食统购统销作为特定历史时期和历史条件下的产物，有其产生的客观必然性和存在的合理性，但随着经济社会条件的变化，其弊端也不断地显现出来。我们一方面要看到：粮食统购统销政策的出台是从当时的世情国情与农情粮情出发的，人们把它看成是中华人民共和国成立初期在经济领域里继财政经济大统一后的又一次大战役（称之为第二次战役）也表明了其在经济与政治两方面所具有的重大意义与重要价值；粮食统购统销是改革开放前所奉行的计划经济管理体制的重要组成部分，其在国家掌握粮源、稳定粮食价格、保障粮食供给等方面所发挥的作用，不仅为国家经济建设的全面展开提供了必不可少的原始积累，而且为整个经济社会发展的向前推进作出了不可磨灭的巨大贡献。另一方面也要看到：粮食统购统销因其固有的管得过死、激励机制不足等缺陷，不仅会在长期实行中损害粮食生产者的利益和抑制其生产积极性，而且会无法满足消费者伴随经济社会发展而日益增长与多元化的粮食需求。由此可以说，顺应时代发展与需求变化的要求适时地变革乃至取消粮食统购统销，进而冲破计划经济管理体制的束缚，不仅势所必然而且也是顺理成章的事情。

二、艰难前行的粮食购销市场化

市场化是我国经济体制改革的基本取向，而先行一步的农业农村改革更是破题于粮食购销市场化的启动与推进。1978 年 12 月召开的党的十一届三中全会不仅明确了调动亿万农民的社会主义积极性必须"在经济上充分关心他们的物质利益，在政治上切实保障他们的民主权利"的指导思想，而且提出了"社员自留地、家庭副业和集市贸易是社会主义经济的必要补充，任何人不得乱加干涉"和"粮食统购价格从一九七九年夏粮上市的时候起提高百分之二十，超购部分在这个基础上再加价百分之五十"等具体要求。由此，我国粮食购销市场化改革踏上了从粮食统购统销体制的松动开启的漫漫征程。

1979年，国家不仅将六种粮食的统购价格从每50公斤的10.64元提高到12.86元（提价幅度达到20.86%），而且在1971年确定的"一定五年不变"基础上开始逐年调减粮食征购基数（1979年调减55亿斤，征购基数从1979年的755亿斤减到1982年的606.4亿斤），粮食的集市贸易和议价经营也开始恢复和发展起来。1982年，开始实行中央对省粮食征购、销售、调拨包干，明确计划外缺粮主要通过市场调节解决。1983年，强调要在发挥国营粮食商业主渠道作用的同时，实行粮食多渠道经营。1984年，明确粮食统购只管稻谷、小麦、玉米三个品种。这样的一些措施，不仅调动了亿万农民发展粮食生产的积极性，而且也使粮食流通变得空前活跃起来。据统计与测算，1978—1984年，粮食部门议购粮食从65亿斤增加到186亿斤，议销粮食从9亿斤增加到534亿斤；全国集市粮食成交量从50亿斤增加到167亿斤。可以说，这一时期粮食购销市场化的推进，主要得益于粮食统购统销体制的松动与相关政策的调整，但其带来的活力与生机则使人们看到了粮食市场化改革的光明前景。

1985年，国家出台了改革农产品统派购制度的重大举措，粮食购销由此进入了计划与市场"双轨制"的运行阶段。在改革的部署中明确：取消粮食统购，改为合同定购，并强调粮食定购既是经济合同又是国家任务；定购品种为稻谷、小麦、玉米和主产区（辽宁、吉林、黑龙江、内蒙古、安徽、河南）的大豆，定购价格统一实行"倒三七"比例价（30%按统购价，70%按超购价）。在此后的几年里，一系列深化粮食购销市场化改革的措施陆续跟进：一是减少粮食定购数量，扩大市场调节的比重。二是多次提高国家定购部分的粮食收购价格，逐步使粮食定购价接近于市场价。三是大力培育粮食市场，积极发展粮食多渠道经营。四是提高统销价格，实现购销同价。五是鼓励有条件的地方保留粮食定购数量，放开粮食购销价格。六是建立国家粮食储备调节制度和粮食风险基金制度，加强政府对粮食购销的宏观调控。1993 年年底，全国除西藏和云南、甘肃两省的 25 个县以外，全部放开了粮食价格和经营。至此，经过十多年坚持不懈的改革，我国的粮食统购统销体制终于退出了历史的舞台。但是，这并不意味着粮食流通市场化改革的完成，其深化改革仍有很长一段路要走。

　　放开粮食价格与经营，绝不等于政府对粮食流通可以撒手不管。1993 年年底的粮食涨价风潮，突显了国家掌握必要的粮源和加强粮食宏观调控的重要性。为此，1994 年 5 月国务院发出《关于深化粮食购销体制改革的通知》。《通知》中强调：粮食部门必须收购社会商品粮 70%—80%，即 900 亿公斤左右，其中 500 亿公斤为国家下达的定购任务，定购价格由国家确定；其余 400 亿公斤在市场收购，价格随行就市。继 1994 年在 1993 年国家收购保护价基础上大幅提高国家定购粮食价格之后，1996 年再次大幅提高定购粮食价格，1997 年明确按保护价敞开收购议价粮。1998 年提出按照"四分开一完善"的原则进一步深化粮食流通体制改革和贯彻落实"三项政策、一项改革"的要求。"四分开一完善"，即实行政企分开、中央与地方责任分开、储备与经营分开、新老财务账目分开，完善粮食价格机制，更好地保护农民的生产积极性和消费者的利益，真正建立起适应社会主义市场经济要求、符合我国国情的粮食流通体制。"三项政策、一项改革"是指按保护价敞开收购农民余粮、粮食收储企业实行顺价销售、粮食收购资金封闭运行和加快国有粮食企业自身改革。1999 年和 2000 年的政策调整重点是调整粮食保护价收购的范围与价格，以及强调执行按质论价和优质优价政策。从 2001 年开始，粮食流通体制改革的重点转向在国家宏观调控下全面放开粮食收购、粮食市场和粮食价格。继浙江省率先启动粮食购销市场化试点后，其他粮食主销区、产销平衡区和粮食主产区陆续跟进。到 2003 年年底，全国有 18 个省份全面放开了粮食收购市场和价格。2004 年的中央一号文件明确宣布：从 2004 年开始，国家全面放开粮食收购和销售市场，实行购销多渠道经营。这样，到 2004 年，我们终于走完了粮食购销市场化改革的艰辛历程。由此，我国的粮食流通开启了全面市场化运行的历史新篇章。

三、购销全面放开后的粮食流通

粮食购销全面纳入市场化的运行轨道，并不意味着我国粮食流通体制改革的终结，而且建立健全市场化运行的粮食流通体制同样需要改革的进一步深化和一系列制度建设的跟进。为此，着眼于搞活粮食流通的一系列制度建设，就成为 2004 年以来我国粮食流通领域改革与发展的主旋律。

2004 年 5 月，国务院不仅出台了《关于进一步深化粮食流通体制改革的意见》，还颁布实施了《粮食流通管理条例》。《意见》中明确提出深化粮食流通体制改革的基本思路是：放开购销市场，直接补贴粮农，转换企业机制，维护市场秩序，加强宏观调控。具体改革措施包括：放开粮食收购和价格，健全粮食市场体系；建立直接补贴机制，保护种粮农民利益；转换企业经营机制，加快推进国有粮食购销企业改革；改革粮食收购资金供应办法，完善信贷资金管理措施；加强粮食市场管理，维护粮食正常流通秩序；加强和改善粮食宏观调控，确保国家粮食安全；加强组织领导，确保粮食流通体制改革稳步实施。《条例》除了明确粮食价格主要由市场供求形成外，重点对粮食经营主体的资格与行为和政府的粮食宏观调控进行了规范。

2006 年，国务院出台了《关于完善粮食流通体制改革政策措施的意见》，进一步要求：加快推进国有粮食企业改革，切实转化企业经营机制；加快清理和剥离国有粮食企业财务挂账，妥善解决企业历史包袱；积极培育和规范粮食市场，加快建立全国统一开放、竞争有序的粮食市场体系；加强粮食产销衔接，逐步建立产销区之间的利益协调机制；进一步加强和改善粮食宏观调控，确保国家粮食安全。从 2005 年年底就开始编制的《国家粮食安全中长期规划纲要（2008—2020 年)》于 2008 年 11 月发布，这也是由政府编制的第一个中长期粮食安全规划。《规划纲要》中明确提出：积极推进现代粮食流通产业发展，努力提高粮食市场主体的竞争能力；重点建设和发展大宗粮食品种区域性、专业性批发市场和大中城市成品粮油批发市场，健全粮食市场体系；推进粮食物流"四散化"（散装、散卸、散存、散运）变革，加强粮食物流体系建设。2014 年年底国务院出台《关于建立健全粮食安全省长责任制的若干意见》，从加强粮食仓储物流设施建设和管理、积极发展粮食物流网络和加强粮食产销合作等三个方面要求增强粮食流通能力。

归结起来看，2004 年以来我国粮食流通领域改革与发展的成效主要表现在：一是粮食购销市场全面放开，形成了以国有粮食企业为主渠道、市场主体多元化的基本格局；二是贯彻落实粮食最低收购价及临时收储等政策和将流通环节补贴转为直补种粮农民，有效地保护了粮食生产者的利益；三是粮食市场体系不断健全完善，收购、批发、零售及期货等各类市场健康有序发展；四是粮食仓储物流等基础设施不断加强，我国的粮食流通形态基本实现由传统物流方式向现代物流产业的重大转变；五是健全完善在国家宏观调控下充分发挥市场机制调节功能的粮食流通体制，国家粮食安全的保障能力不断加强。可以说，一方面发挥市场机制的调节作用以搞活粮食流通，另一方面加强和改善宏观调控以引导与规范粮食市场运行，已经成为具有中国特色粮食安全道路的重要内容。

第三节　建立健全粮食储备

粮食生产的季节性和粮食消费的常年性、连续性及两者共同具有的不确定性，决定了粮食储备的必要性。我国早在战国时期就有李悝在魏国施行的"平籴法"，即在丰年平价购进农民的余粟（"平籴"，"籴"即"买入"）而在荒年用平价出售积粟（"平粜"，"粜"即"卖出"）；西汉宣帝时耿寿昌就建立"常平仓"制度，即"以谷贱时增其贾而籴，以利农，谷贵时减贾而粜，名曰常平仓。"粮食储备是国家粮食安全的"蓄水池"和"稳定器"，本节将从粮食储备制度的建立、粮食储备体系的完善和粮食储备功能的发挥等三个角度介绍新中国成立以来我国粮食储备的发展情况。

一、逐步建立粮食储备制度

在改革开放前，由于粮食长期处于短缺状态，我国的粮食库存更多地是属于周转库存，而很少是后备库存，也就是储备性质的粮食库存数量很少。具体说来，这一时期我国粮食储备情况是：

新中国成立初期，不仅国家粮库的库存数量少，而且仓容也严重不足。1950年国家粮库接收征购入库的粮食只有350多亿斤，解放战争胜利结束后接收国民党政府遗留下的仓容只有114.04亿斤（其中：

粮满仓 心不慌
"夫积贮者，天下之大命也"。

祠堂、庙宇改建的仓房仓容57.85亿斤，简易仓房仓容53.2亿斤，正式仓房仓容2.99亿斤）。在国民经济恢复时期，主要从改建仓库、发展货场、租用仓库和新建粮库四个方面增加仓容，从1949年到1952年共计扩展仓容591.2亿斤。1952年，鉴于粮食生产的恢复发展，中央确定在国家粮食库存中有20亿公斤可以作为粮食储备，但在第二年就用于市场供应和救灾。1954年10月，中央在《关于粮食征购工作的指示》中指出："目前国家手中毫无粮食储备，库存数字仅仅是必不可少的周转粮食，为了应付灾荒和各种意外，国家必须储备一定数量的粮食。"当年安排国家储备11.5亿公斤粮食，但由于粮食供应紧张，这些储备粮又主要用于国家粮食周转库存铺底和急需的供应。从1955年开始，为落实《指示》精神，国家从周转库存中划出一部分粮食作为储备粮，并划定了储备仓库和拨给了储备基金。这部分用来应对灾荒的储备粮被称为"甲字粮"，但由于没有明确其动用的权限，实际上又都作为周转库存使用了。据统计，1956年的储备粮已经达到二三十亿公斤的规模，但在1958年的"大跃进"中很快就被用掉了。

1959—1961年的三年经济困难时期，粮食生产下降，国内粮

食供给严重不足，人们对储备粮重要性的认识更为深刻。这样，从 1960 年开始又通过加强粮食计划调拨逐步建立了国家储备粮。1962 年 9 月，中央在《关于粮食工作的决定》中对逐步建立粮食储备、年年储一点、逐年增多作了进一步明确指示；同年，根据当时的政治和军事形势，国务院和中央军委决定建立以备战为目的的军用"506 粮"，即储备足够 50 万人 6 个月食用的粮食以作备战之需。从此，国家储备粮增加了应对可能出现的战争环境的备战用途。1965 年，毛泽东提出"备战、备荒、为人民"的战略方针。此后一直到 20 世纪 80 年代中期，国家储备粮一点一点地积累起来并从数量上达到预定的储备规模。

此外，在粮食统购统销时期，以农村生产队和农户备荒储备为主的粮食社会储备也逐渐发展起来。在 20 世纪 50 年代，一些地方就开始搞起了农村储备粮，但就全国而言，由于粮食紧张多数生产队并没有储备粮。1962 年 9 月，中央在《关于粮食工作的决定》中明确提出："生产队本身允许保留一定比例的储备粮。以生产大队为基本核算单位的，或者以公社为基本核算单位的，它们也都可以保留一定比例的储备粮。"1963 年 10 月，在中央《关于粮食工作的指示》中，明确国家粮食部门可以代生产队保管储备粮，生产队如果资金有困难，国家还可以按牌价付款，生产队有权随时买回。由此，粮食的社会储备在农村比较广泛地建立起来。到 1965 年年底，大约有 60% 的生产队有了储备粮，各地粮食部门代生产队保管的储备粮达到 20 多亿公斤，到 1979 年这一数字增加到 90 多亿公斤。在建立农村集体储备粮的同时，各级政府还提倡社员个人把自己结余下来的粮食储存起来，逐步做到队有储备和户有结余。

总体上看，经过几十年的努力，在改革开放以前我国基本形成了以"甲字粮"、"506粮"、周转粮以及农村集体储备粮四部分为主的粮食储备体系。1978年党的十一届三中全会后，随着农村家庭联产承包责任制的普遍推行，在粮食持续大幅度增产的同时，国家储备和农民个人储备的粮食也不断增加。由此，针对一些粮食主产区出现的农民"卖粮难"问题和各地普遍发生的粮食部门"储粮难"现象，在1990年，国务院出台了《关于建立国家专项粮食储备制度的决定》，提出建立国家专项粮食储备，各省、自治区、直辖市人民政府也要根据实际情况建立本地的粮食储备；并决定成立国家专项粮食储备领导小组，负责领导和统筹解决国家专项粮食储备的有关问题；批准成立国家粮食储备局，负责粮食储备的管理工作。建立国家专项粮食储备制度，不仅标志着我国粮食储备进入了一个新的发展阶段，而且意味着我国粮食储备的机制与功能发生了历史性的重大变化。

二、不断健全粮食储备体系

建立国家专项粮食储备制度之后，我国不仅构建起中央、省级、地县三级储备体系，而且健全完善了储备粮管理的组织体系，组建了中央储备粮垂直管理体系，并且还将中央储备粮纳入了法治化运行的轨道。

1995年，国务院在《关于粮食部门深化改革实行两条线运行的通知》中，把建立地方粮食储备作为实行"米袋子"省长负责制的一项重要内容。《通知》提出："为实现地区粮食平衡，调控地区粮食市场，粮食主产区要建立3个月以上粮食销售量的地方储备，销区要建立 6 个月的粮食销售量的地方储备，以丰补歉，确保供应。"在国务院 2014 年出台的《关于建立健全粮食安全省长责任制的若干意见》中，围绕管好地方粮食储备，要求切实落实地方粮食储备和创新地方粮食储备机制：严格按照国家有关部门确定的储备规模和完成时限，抓紧充实地方粮食储备。进一步优化储备布局和品种结构，落实储备费用和利息补贴资金，完善轮换管理和库存监管机制。定期将地方粮食储备品种、数量和布局等信息报送国家有关部门。探索建立政府储备和社会储备相结合的分梯级粮食储备新机制。通过运用财政、金融、投资等政策手段，建立地方政府掌控的社会粮食周转储备。鼓励符合条件的多元市场主体参与地方粮食储备相关工作。严格执行粮食经营、加工企业最低最高库存制度，鼓励企业保持合理商品库存。建立地方和中央粮食储备协调机制，充分发挥调控市场、稳定粮价的协同效应。在国务院办公厅 2015 年印发的《粮食安全省长责任制考核办法》中，将增强地方粮食储备能力纳入考核内容。

1990 年建立国家专项储备制度时，就初步形成以中央储备为主的国家粮食储备体系。从 1992 年起，就开始对国家粮食储备库命名挂牌，到 1996 年年末，批准命名的国家粮食储备库达 1300 多个，库点分布于 30 个省份的主要粮产区或重点粮食销区。从 1995 年开始逐步建立中央直属储备粮库，具体办法有三：一是在已经命名的国家粮食储备库中划转一部分，作为中央直属粮食储备库；二是整体划转，将部分原已储备中央专储粮的粮库通过资产整体划转方式作为中央直属粮食储备库；三是从 1998 年开始，分三批新建 500 亿公斤仓容的中央直属粮食储备库。在探索新机制管理中央储备粮方面，从 1996 年秋后就对新收购和移库的国家专储粮全部实行垂直管理，同时委托一些库点直接代收国家专储粮。

1998 年，国务院《关于进一步深化粮食流通体制改革的决定》就"健全中央储备粮垂直管理体系"明确要求：尽快建立科学管理、调控有力、吞吐灵活、人员精干的中央储备粮管理体系。2000 年 1 月，国务院决定组建中国储备粮管理总公司（简称中储粮总公司，现名中国储备粮管理集团有限公司），对中央储备粮实行垂直管理。中储粮总公司在主产区和主销区组建中央储备粮管理分公司，并对分公司的人财物实行垂直管理。同时，将划转上收的一部分粮库作为中储粮的直属库，由分公司直接管理。到 2000 年 10 月，中央储备粮的管理业务全部由各省（自治区、直辖市）粮食局移交给各分公司。

2003 年，国务院颁布了《中央储备粮管理条例》①。该条例对中央储备粮的计划、储存和动用等各个环节都作出了全面的规定。《条例》明确提出了中央储备粮管理的"三个严格、两个确保"，即严格制度、严格管理、严格责任，确保中央储备粮数量真实、质量良好和储存安全，确保中央储备粮储得进、管得好、调得动、用得上并节约成本、费用。该条例是我国第一部规范中央储备粮管理的行政法规，其颁布实施在很大程度上意味着我国现代粮食储备制度的确立，意味着我国粮食储备体系步入规范化运行与法治化管理的新阶段。

三、强化完善粮食储备功能

一般说来，粮食储备的基本功能主要是调节粮食供求总量和应

---

① 2003 年 8 月 15 日公布，2011 年 1 月 8 日第一次修订，2016 年 2 月 6 日第二次修订。

对重大自然灾害或其他突发事件两个方面。从我国实践看，经过多年的探索特别是建立国家专项粮食储备制度以来的艰苦努力，粮食储备的功能不断完善、效果日益显现，在战略应急、稳定市场、保障生产和维护稳定等方面都发挥了重要作用。

在应急保障方面，主要是应对地震、雨雪灾害、台风等重大自然灾害和公共突发事件。如 1991 年部分省份受灾减产，8 个重灾省共需减购增销粮食 80 多亿公斤。短期内筹划调度这么多粮食若在过去不仅将成为国家的一件头等大事，要牵动社会的各个方面，而且也会造成市场波动，粮价暴涨，甚至引起全面物价上涨。但由于国家掌握了大量的专项储备粮，经国务院批准动用，加上各省采取的其他措施，结果是平平稳稳地安排下来了。1994 年又有数省遭受洪涝、干旱灾害，国家再次动用储备粮。2007 年南方冰雪灾害和 2008 年汶川大地震，中央均下达紧急命令动用储备粮供应灾区。

在稳定市场方面，粮食储备能够通过加大收储和及时抛售调节粮食市场供给和平抑市场粮价。如 1993 年年底至 1994 年，我国粮食市场呈现紧张局面，粮价急剧上涨，国家多次动用储备粮约 150 多亿公斤，以低于市场价格抛出。1995 年 2 月，玉米价格上涨，有的地方每公斤玉米价格已达到或高于小麦价格，严重影响生猪等饲养业的发展，国务院立即决定分两次抛售储备玉米 200 万吨，使玉米市场价格恢复到正常水平。2004 年，针对东北地区玉米价格低迷而农民又急需出售的情况，国家及时出台收储政策帮助农民解决玉米出售难题。这在很大程度上也促成了后来的玉米临时收储政策出台。

在保障生产方面，主要是中储粮总公司受国家委托作为执行主体承担最低收购价与临时收储政策的贯彻落实，在政策启动时积极组织粮食收购。稻谷与小麦的最低收购价政策和玉米、大豆等的临时收储政策，是 2004 年我国粮食购销全面放开后国家调控粮食市场的重要手段。尽管国家后来取消了大豆和玉米的临时收储政策，但不可否认的是，稻谷与小麦最低收购价政策的启动和玉米与大豆临时收储政策的执行，有效地保护和调动了粮食生产的积极性，为我国粮食十几年持续增产丰收作出了重大贡献。据统计，2005—2015 年，中储粮系统累计完成托市和临储粮收购 7.3 亿吨，政策性销售 5 亿吨。

在维护稳定方面，粮食储备实实在在地起到了确保国家粮食安全与经济社会稳定的"压舱石"作用。必要和足够的粮食储备不仅具有平衡市场供给、保障人民生活的经济作用，而且具有维护国内安定的政治意义。粮食问题特别是粮食储备问题，始终是社会各方面都非常关注的热点话题，而且一有风吹草动其传递出的市场信号也很容易被放大。如面对 2020 年突如其来的新冠肺炎疫情，人们对我国的粮食安全状况异常关心，社会上也有各种传言。对此，国家有关部门能够从容镇定回应的底气从哪里来？就是我国粮食库存总量在近年来持续在高位运行，有充足的粮食储备应对可能出现有关国家粮食安全的风险挑战。

这些粮食储备的功能之所以能够得到比较好的发挥，得益于国家粮食储备能力的持续提升。从仓容能力看，自建立国家粮食专项储备制度以来，国家规划建设了一批现代化新粮仓，维修改造了一批老粮库，仓储设施功能不断完善，安全储粮能力持续增强，总体上达到了世界较先进水平。2018 年，全国共有标准粮食仓房仓容 6.7 亿吨，简易仓容 2.4 亿吨，有效仓容总量比 1996 年增长 31.9%。从物流能力看，改革开放以来，随着粮食流通体制改革的不断深化，我国粮食物流的基础设施明显改观、能力水平大幅提升。2017 年，全国粮食物流总量达到 4.8 亿吨，其中跨省物流量 2.3 亿吨。我国粮食物流的骨干通道全部打通，公路、铁路、水路多式联运格局基本形成，原粮散粮运输、成品粮集装化运输比重大幅提高，粮食物流效率稳步提升。可以说，经过多年的持续努力，我国的粮食储备能力与水平足以守护住国家粮食安全的"蓄水池"和"稳定器"。

第四节　拓展优化粮食产业

20 世纪 80 年代中期，随着我国温饱问题得到基本解决，如何将小规模经营的农户与社会化的大市场有机衔接起来，成为我国农业发展迫切需要解决的重大问题。90 年代初，山东等地探索出的农业产业化经营很快就在中华大地上蔓延起来。随着农业产业化经营的深入推进，我国粮食产业也开始步入新的发展阶段。综合起来看，在农业产业化经营理念的引领下，我国的粮食产业发展方式加快转变，粮食加工业不断壮大，粮食服务业稳步提升，粮食生产优势区域布局逐步形成。可以说，我国粮食产业化经营的能力与水平的日益提升，奠定了国家粮食安全的坚实产业基础。本节将以产业化经营为主线重点来阐述我国粮食加工业、粮食产业社会化服务、粮食生产区域形势布局的发展变化情况。

一、大力发展粮食加工产业

粮食加工是国家粮食安全保障体系中不可缺少的重要环节，粮食加工业承担着为我国十多亿人口提供安全放心、营养健康的粮食加工产品的重任。发展粮食加工是促进粮农就业增收的重要渠道，在满足城乡居民日益多元与优质化的粮食消费需求和提升国家粮食安全的保障能力与水平等方面具有重要的战略地位。我国粮食加工业的发展主要表现在以下三个方面：

一是大幅提升产业规模效益。在建立和完善社会主义市场经济体制的过程中，我国粮食加工业坚持走新型工业化道路，着力推进产业结构升级，民营、国有、外商等多元化加工主体格局已经形成。随着粮食产业化经营的深入推进，龙头企业不断发展壮大，涌现出一大批具有一定竞争力和辐射带动能力的大型粮食加工企业或集团，并成为引领行业发展的主导力量。2019 年，全国粮食加工与制造业的规模以上企业超过 1 万家，实现营业收入超过 1.7 万亿元。稻谷、小麦、玉米等谷物磨制等初加工子行业营业收入超过 8000 亿元。酿造食品业、糕点面包制造及米面食品制造、其他方便食品制造等涉及粮食食品制造和精深加工的子行业发展势头良好，主营业务的收入实现较大程度增长。

二是积极改善粮食产品结构。随着经济社会的发展，我国的城乡居民消费结构发生了重要变化，对粮食产品的质量要求也逐步提高，粮食加工业从传统的成品粮

"筋筋"乐道方便面
深加工，精加工，延长粮食产业链。

生产向专用成品粮生产转变，特别是一些大型企业通过引进新技术、新工艺、新设备，积极开发附加值高的粮食精深加工产品，延伸了产业链，产品结构和档次不断提升。大米的加工结构明显升级，米线（米粉）、方便米饭、休闲食品等米制品生产发展迅速；小麦特制一等粉、特制二等粉产量明显增加，蒸煮、焙烤、速冻等面制食品和方便面产量增长迅速；各种玉米早餐食品、儿童食品、休闲食品、玉米汁饮料得到了迅速发展，特强玉米粉产量有了较大增加。

三是积极开发关键技术装备。伴随着工业化的快速发展和农业科技水平的不断提升，我国粮食加工技术水平明显提高，装备制造能力逐步增强，一批重大关键技术与设备开发取得积极成效。我国攻克了稻谷、小麦、玉米、大豆等深加工关键技术，开发了专用米、专用粉、速冻米面食品、方便米粉、糖醇、大豆蛋白等市场潜力大的产品，稻壳、米糠、玉米和小麦胚芽等副产品综合利用技术取得新突破。大米的增香、调质、增粘、营养强化、配制加工的研究取得了一定的成果，小包装米、免淘米、速煮米、营养米和米粉等已投入工厂化生产；小麦原料清理、研磨筛选、粉后处理的技术设备和有关检测仪器及电子监控装置已达到较高水平，能够生产高质量的等级粉、专用粉；玉米加工采用了玉米联产、胚芽榨油和玉米油精炼配套生产线，淀粉提取率明显提高。粮机制造水平快速提升，骨干粮食机械制造企业设备制造能力增强，特别是大型粮食加工主要单机设备和成套技术提升较快，自主设计的日处理稻谷、小麦和年处理玉米、饲料等成套工艺与设备达到国际先进水平，与之配套的粮食加工主要单机设备基本实现本土化生产。

二、稳步提升产业服务水平

完善健全粮食产业社会化服务是推动粮食产业健康稳定发展的重要支撑，也是我国粮食生产和粮食安全的重要保障。随着我国粮食产业化进程的快速推进，与之相适应和相配套的粮食产业社会化服务随之兴起，并逐渐发展成为独立的产业，粮食产业的社会化服务水平得到大幅提升。

一是构建多元服务主体格局。随着粮食产业化的深入推进，我国逐步形成了较为健全的粮食产业社会化服务体系，包括为粮食产业的产前、产中、产后各个环节提供服务的各类机构和市场所形成的服务网络与组织系统。其中，生产资料供应的服务主体主要包括供销社、邮政农资、农资供应商、农业经纪人、农民合作社等；农田作业服务主体主要包括农机合作社、农作物病虫害防治服务组织、农民合作社、农业社会化服务公司等；农业科技服务主体主要包括农业科研机构、农技推广机构、农业企业、农民合作社、农民技术协会等；农业金融服务主要包括各类政策性银行、商业银行、农村合作银行等。上述的服务主体既有公益性服务机构，也有市场化服务机构，形成了公益性与市场化服务机构互相促进、共同服务国家粮食产业链和粮食安全的社会化服务格局。

二是创新服务形式与服务内容。与粮食产业发展各环节相适应，我国粮食产业社会化服务体系的服务形式与内容不断创新，主要包括农资供应服务、农田作业服务、农业科技服务、金融服务，以及粮食加工、烘干、储运服务等。农资供应服务形成了生产企业—中间商—零售商/经纪人/合作社—农户、生产企业—农户、生产企业—零售商/经纪人/合作社—农户等多种流通模式；农田

农产品有了"身份证"
从田间到餐桌，舌尖安全可追溯。

作业服务主要体现在农机化作业、田间管理、土地托管等方面，为粮食生产主体提供更为节省人工的机耕、机播、机收、病虫害防治等农田综合管理方面；农业科技服务形式与内容呈现出多样化、灵活性的特点，具有代表性的是培训班、企业服务站、农民田间学校、农业专家大院等；农业金融服务主要通过银行、保险、期货等金融机构和农民资金互助社等主体，以金融创新的形式为粮食生产提供金融服务；粮食产后烘干储运服务主要由一些粮食加工企业、粮食流通商（经纪人或收购商）以及一些农民合作社、家庭农场等新型农业经营主体提供，这些主体大部分在提供服务时收取市场费用，有些如农民合作社为成员提供免费服务，同时也以市场价格为周边非成员用户提供服务。

三是加强粮食质量标准体系建设。在粮食产业市场化深入推进的过程中，质量管理成为粮食企业成功立足市场的重要举措。在市场竞争的推动下，我国粮食加工产品质量安全标准体系进一步完善，现已全面实行 QS（食品质量安全）生产许可证制度，大型企业基本通过了 ISO9000（质量管理体系）、HACCP（危害分析与关键控制点）认证。完善粮食库存检查方式方法和质量安全监管制度，构建粮食安全储存责任体系和行为准则，确保粮食库存数量真实、质量良好、储存安全。建立专业化的粮食产后服务中心，为种粮农民提供清理、干燥、储存、加工、销售等服务。建立与完善了由 6 个国家级、32 个省级、305 个市级和 960 个县级粮食质检机构构成的粮食质量安全检验监测体系，基本实现"机构成网络、监测全覆盖、监管无盲区"。制定并发布了"中国好粮油"系列标准，促进粮油产品提质升级，增加绿色优质粮油产品供给。粮食产品质量明显提高，涌现出了一大批具有较高市场占有率和一定竞争力的名牌产品，约 1/5 的企业获得中国名牌产品证书，1/5 的企业获得中国驰名商标，超过 1/3 的企业获得了省级名牌产品。各类产品抽检合格率均呈上升趋势，粮食产品的食品安全水平有了进一步改善。

三、优势区域布局逐步形成

新中国成立特别是改革开放以来，受农业科技、地理环境、区域差异和人地矛盾等因素影响，我国粮食生产和加工区域布局已经发生了重大变化。这集中表现为：粮食主产区优势逐渐彰显，产业集中化、专业化、优质化的发展格局逐步形成。

一是从"南粮北调"到"北粮南运"。新中国成立之初，我国粮食主产区主要在南方。一直到 20 世纪 70 年代中期之前，我国粮食生产区域布局的演变趋势是"南粮北调"，调运数量经历了由少到多的演变过程，20 世纪 50 年代流量较小，20 世纪 60 年代开始流量加大。20 世纪 70 年代中期至 20 世纪 80 年代中期，是"南粮北调"向"北粮南运"转变的过渡时期。这一时期南北方之间粮食流动开始进入数量较大的品种调剂阶段，即南方大米流入北方，北方玉米流向南方，且调剂量逐渐加大，逐步形成了北方粮食总体上向南方调运的格局。从 1982 年开始，南方粮食产量占全国粮食产量的比重总体上呈逐步下降趋势，北方总体呈上升趋势，粮食主产区逐渐转移到北方，区域格局发生了重大变化。

二是形成粮食优势区域功能布局。随着粮食生产区域布局和要素组合不断变化，粮食主产区优势逐渐彰显。南方稻谷优势区域继续稳固、东北稻谷重要性凸显，小麦产区逐渐向中部地区集中，玉米产区逐渐向东北和中原地区集中，形成了多个主产区和产业带：东北稻谷、玉米、大豆优势产业带，黄淮海平原小麦、专用玉米和高蛋白大豆规模生产优势区，长江经济带双季稻和优质小麦生产核心区，西北优质小麦、玉米和马铃薯优势区，等等。其中，长江流域和东北三省水稻面积占全国的 62%，冀鲁豫小麦面积占全国的 46%，东北玉米占全国的 32.8%。全国 13 个粮食主产区粮食产量占全国的 70%，提供商品粮占全国的 80% 以上。

三是科学划定粮食生产功能区。党的十八大以来，党中央、国务院将优化粮食生产区域布局作为保障国家粮食安全的重要内容来抓。2017 年 3 月，国务院印发了《关于建立粮食生产功能区和重要农产品生产保护区的指导意见》，其中明确了粮食生产功能区建设的指导思想，并提出划定粮食生产功能区 9 亿亩，其中 6 亿亩用于稻麦生产。具体来说，以东北平原、长江流域、东南沿海优势区为重点，划定水稻生产功能区 3.4 亿亩；以黄淮海地区、长江中下游、西北及西南优势区为重点，划定小麦生产功能区 3.2 亿亩（含水稻和小麦复种区 6000 万亩）；以松嫩平原、三江平原、辽河平原、黄淮海地区以及汾河和渭河流域等优势区为重点，划定玉米生产功能区 4.5 亿亩（含小麦和玉米复种区 1.5 亿亩）。粮食生产功能区的划定，是实施"藏粮于地、藏粮于技"战略的重要举措，是确保我国粮食核心产能、保障粮食产业安全、充分调动各方面积极性、形成粮食产能建设合力的有效手段，是稳固国家粮食安全基础的重要途径。

四是粮食加工向产区布局集中。在粮食产业化不断向纵深推进的过程中，围绕稻谷、小麦、玉米、大豆、马铃薯等粮食主产区，我国初步形成了黑龙江东部粳稻加工产业带、黄淮海优质专用小麦加工产业带、东北及内蒙古东部玉米、大豆加工产业带等优势粮食加工产业带，并涌现出一批优势突出、特色明显的粮食加工业密集区，粮食加工业向产区集中布局的趋势更加明显。与此同时，粮食加工产业园区建设步伐不断加快，规范化程度不断提高。这些园区大都结合本地的资源优势，围绕主要粮食品种进行专业化生产，不断拓展产业链条，优化了产业布局，推动了技术进步，对当地及周边地区粮食加工业的发展起到了很好的示范带动作用。

我国粮食产业化经营的持续健康发展，在加强国家粮食安全保障的同时，也在深刻地改变我国粮食产业的面貌：不仅产业形态、发展方式、区域布局在不断优化，而且新型生产经营主体也在成长壮大，产品多种功能开发能力也在日益增强，产业社会化服务水平也在逐步提升。可以说，粮食产业化经营的不断向纵深推进，全方位提升我国粮食产业整体素质、综合实力与市场竞争力，充分体现了大国小农的农业现代化之中国特色，也是确保国家粮食安全的坚实产业基础。

第五节　开展粮食贸易合作

粮食领域的对外贸易与合作，既是我国农业领域对外开放的重要内容，也是确保国家粮食安全的必要手段和促进世界粮食安全的有效方式。新中国成立以来，无论是我国粮食的进出口贸易还是粮食领域的对外合作交流，都经历了不平凡的历史变迁，对外开放的程度逐步走向深入。本节主要从粮食进出口贸易变化和粮食领域对外合作交流拓展两个方面阐述我国粮食贸易合作的基本情况。

一、积极参与粮食国际贸易

粮食国际贸易，既是一个经济问题，也是一个政治问题。纵观 70 多年来我国粮食进出口贸易，政治与经济两方面的因素始终影响着我国的粮食进出口格局。总体上看，我国粮食国际贸易大体上可以划分为改革开放以前和改革开放以后两大时期，前一个时期粮食进出口的政治色彩浓厚，而且置于政府的严格管控之下；后一个时期则经济因素逐渐上升到主导地位，贸易自由化的程度不断提高。这里从以下三个阶段阐述我国的粮食进出口贸易。

1. 新中国成立至改革开放前的粮食贸易。在新中国成立初期，国内外环境复杂，国家建设百废待兴，政治孤立、经济封锁的外交环境严峻恶劣。在 1950—1952 年的国民经济恢复时期，在基本没有进口的情况下，国家每年都组织 100 多万吨的粮食出口，三年累计出口 500 万吨左右。这样的出口数量虽然不大，但在支持国家的基础工业建设特别是换回必需的设备和物资的同时，不仅展示了我国自力更生解决粮食问题的前景，也有力地回击了帝国主义的封锁禁运和在粮食问题上对我国的污蔑。这样的进出口状态一直持续到 1960 年，甚至在 1958—1960 年出现超越国家承受能力出口粮食的情况，这三年累计出口 900 多万吨，导致大城市和主要矿区库存空虚，随时有粮食脱销的危险。因此，1960 年年底，中央决定从 1961 年开始进口粮食。按粮食年度计算，从 1961—1965 年共进口粮食 547 亿斤，年平均进口 109.4 亿斤；同期共出口粮食 127 亿斤，年平均出口 25.4 亿斤；进口出口相抵，净进口粮食 420 亿斤，年平均净进口 84 亿斤。此后一直到 1978 年，我国粮食进出口都保持了这种有进有出、进口大于出口的基本格局。1978 年，我国的粮食进口 176.65 亿斤，出口 37.54 亿斤，净进口 139.11 亿斤。1971—1978 年，我国粮食累计进口 852.67 亿斤，累计出口 399.55 亿斤，净进口 453.12 亿斤。这一时期，国家对粮食贸易实行严格的计划管理，由指定的国有粮食进出口公司垄断经营，粮食的进出口数量由国家计划严格控制。

2. 改革开放至加入世界贸易组织前的粮食贸易。1978 年 12 月，在党的十一届三中全会前的中央工作会议上，中央就明确：增加粮食进口和减少一些地区的征购任务，使农民休养生息。党的十一届三中全会之后，每年进口 1000 万吨到 1500 万吨粮食成为当时搞活农业的一系列重大政策之一，而且中央在 1981 年还明确今后若干年要继续保持一定数量的粮食进口。这样，继 1979 年粮食进口 216.45 亿斤之后，1980 年、1981 年和 1982 年的进口分别达到 262.95 亿斤、260.12 亿斤和 306.32 亿斤；1983 年和 1984 年由于国内粮食连年丰收进口有所减少，但也分别进口 222.08 亿斤和 172.65 亿斤。这六年，累计粮食进口 1440.57 亿斤，出口 193 亿斤，净进口 1247.57 亿斤。1985 年到 2000 年，我国粮食进出口总体呈现波动起伏状态：先是两年的出口大于进口，然后是连续五年的进口大于出口，1992—1994 年是三年出口大于进口，1995 年和 1996 年的出口量很少而进口保持较高水平，1997—2000 年的四年除 1999 年出口略低于进口外其余三年均为出口大于进口。这一时期，我国出口的主要是玉米、大米和大豆，玉米的出口量峰值是

1993 年的 1110 万吨，大米的峰值是 1998 年的 375.6 万吨，大豆的峰值是 1988 年的 148 万吨；而进口的则主要是小麦和大豆，小麦的进口量峰值是 1989 年的 1488 万吨，大豆进口在 2000 年增加到 1041.9 万吨。这其中最引人关注的是大豆从 1996 年开始转为净进口和 2000 年进口量突破 1000 万吨。

3. 加入世界贸易组织后的粮食贸易。2001 年 12 月我国正式加入世界贸易组织，开始对粮食贸易实行关税配额和自动许可证管理。小麦、玉米和大米配额量合计 2215.6 万吨，配额内关税税率 1%，配额外关税税率 65%；大豆和大麦等实行自由贸易，只征收 3% 的进口关税。2001—2018 年，我国粮食进口从 1738 万吨增加到 10853 万吨，累计进口 107596 万吨；粮食出口从 903 万吨减少到 269 万吨，累计出口 9538 万吨。从分品种的进口看，稻谷和大米进口从 29.3 万吨增加到 307.7 万吨，累计进口 2622.9 万吨；小麦进口从 73.9 万吨增加到 309.9 万吨，累计进口 4294.5 万吨；玉米进口从 3.9 万吨增加到 352.4 万吨，累计进口 2893.7 万吨；大豆进口从 1394 万吨增加到 8803.1 万吨，累计进口 88165.6 万吨。从分品种的出口看，稻谷和大米出口从 187 万吨增加到 209.1 万吨，累计出口 1871 万吨；小麦出口从 71.3 万吨降至 28.6 万吨，累计出口 1309.9 万吨；玉米出口从 600 万吨降至 1.2 万吨，累计出口 5418.3 万吨；大豆出口从 26.2 万吨降至 13.6 万吨，累计出口 497 万吨。从这样的一些数据不难发现：（1）这些年我国粮食进口增长主要表现为大豆进口的大幅增加。其原因主要是：在国内生产难以满足大豆消费需求的情况下，增加进口是利用国外资源与市场的现实选择与必然结果。（2）稻谷和大米的累计净进口量为 751.9 万吨。从年度变化分析，2001—2010 年是出口大于进口，2011 年进出口基本持平，2012 年以来转为进口大于出口。（3）小麦的累计净进口为2984.6 万吨。综合分析，2012 年以来的净进口量基本保持在每年300 万吨左右。（4）玉米的累计净出口为 2524.6 万吨。从年度变化分析，2001—2007 年主要是出口，2008 年和 2009 年的出口锐减，2010 年之后转为持续进口，近几年的进口量基本保持在每年 300多万吨。

我国粮食进出口贸易呈现出来的这些变化意味着：通过进口大豆平衡国内供求已成为常态，今后仍需利用国外资源与市场；大米和小麦的进口虽有明显增加，但供需缺口不宜扩大，今后需要坚持以品种调剂为主的进口策略；玉米的进口量可能会继续增加一些，但需要控制在一定的限度之内。这也要求我们：既要看到我国粮食进口存在的国际空间，开展积极的粮食贸易；也要充分估计粮食国际市场的风险和不确定性，坚持粮食进口的必要品种调剂与适量余缺调剂。

二、不断扩大粮食对外合作

新中国成立 70 多年来，我国粮食领域的国际合作随着对外开放进程不断走向深入。无论是在改革开放前还是在改革开放后，粮食国际合作都取得了一系列的重要成果。可以将我国的粮食对外合作划分为以下三个阶段

（一）改革开放前的粮食对外合作。新中国成立初期，受当时的国内形势和国际环境的影响，包括粮食领域在内的农业对外合作的国家和地区主要集中在苏联和东欧国家，主要形式是互派代表团、科学家访问、学术交流、种质资源和文献资料交换等。如邀请

苏联及东欧国家农业专家来华考察讲学，为新中国农业品种改良、新品种培育、农业机械化发展等发挥了不可替代的作用。同时我国也多次向这些国家派遣农业技术人员及农科留学生。此外，这些国家也多次支援我们建设农场和农机站。20 世纪 50 年代中期苏联援建的黑龙江友谊农场、匈牙利援建的山东兖州中匈友谊拖拉机站等，均由对方提供专家设备。60 年代，因与苏联及东欧国家的外交关系生变，我国农业的对外合作主要转向阿尔巴尼亚、朝鲜、越南、古巴等社会主义国家和非洲、大洋洲及中东的一些国家。特别是周恩来总理访问非洲时宣布的我国对外援助八项原则，在国际上产生巨大影响，为农业对外交往开辟了广阔空间。70 年代，随着与日、美等国关系解冻以及联合国恢复我国合法席位，我国农业对外合作与交流迅速打开局面，对外交往范围由社会主义国家和第三世界国家拓展到西方发达国家。1973 年 4 月，我国恢复在联合国粮农组织的合法席位，同年 9 月在罗马设立了驻联合国粮农组织代表处。

（二）改革开放至加入世界贸易组织前的粮食对外合作。1978 年党的十一届三中全会决定把全党的工作重点转移到社会主义现代化建设上来，我国农业对外开放迎来了前所未有的新局面。随着农业对外开放程度的提高，粮食和农业对外合作不断走向深入。最为明显的是"引进来"的成效显著：一是在利用多边和双边政府贷款和无偿援助方面取得较大进展。仅 1979—1989 年，我国接受世界粮食计划署、联合国开发计划署、粮农组织以及加拿大、日本等国的项目与技术援助总额近 9 亿美元。二是引进国外粮食品种和优异种质资源。包括从国际水稻所和日本引进的水稻品种、从罗马尼亚和墨西哥引进的小麦品种和从国际玉米和小麦改良中心引进的玉米品种等，以及利用国外的种质资源育成了一大批小麦、水稻、玉米和高粱等新良种。三是引进了大批先进适用的农业生产技术和多种农业机械设备。如塑料薄膜地面覆盖技术，1979 年由日本引进至 1989 年仅十年时间，其推广面积就达到 20 多万公顷，在瓜、菜、玉米、花生、棉花等作物上使用。此外，在派遣专业人员出国考察学习、邀请外籍专家来华讲学指导等人才交流、培训和智力引进方面，不仅促进了基础科学研究和开辟了新的研究领域，也取得了一批新成果。这一时期，我国的粮食和农业"走出去"也日趋活跃。不仅自 1996 年之后积极与联合国粮农组织实施多个南南合作项目，而且日趋深入地参与多边与双边的国际合作事务。

（三）加入世界贸易组织以来的粮食对外合作。2001 年成功加入世界贸易组织在我国对外开放进程中具有划时代的意义，我国的粮食和农业对外开放进入到全面发展的新阶段。

一是粮食和农业的"走出去"步伐明显加快。不仅在国家层面组织实施农业"走出去"战略，建立了"农业对外合作部际联席会议"，出台了《关于加快实施农业"走出去"战略的若干意见》和《共同推进"一带一路"建设农业合作的愿景与行动》，各地和有关涉农企业也纷纷行动起来。到 2018 年年底，我国企业境外粮食作物产业投资存量达到 68.1 亿美元，占境外农业投资存量的 34.5%。境外投资方式也由单纯的租地种粮转向开发、合资和并购等多种形态，粮食和农业"走出去"的内涵日渐丰富。

二是外资进入粮食产业的深度与广度不断拓展。2018 年涉粮外资企业的加工转化量和产品销售收入分别占到全国的 14.5% 和 17%。外商投资领域不断向粮食收购市场、批发零售和主食品供应等方面延伸。可以说，外资企业已成为促进我国粮食产业发展的重要力量。

打造国际大粮商
面向两个市场，用好两种资源。

三是积极开展粮食和农业对外援助，主动分享粮食安全的资源和经验。1996 年以来，我国已与联合国粮农组织实施了 20 多个多边南南合作项目，向非洲、亚洲、南太平洋、加勒比海等地区的近 30 个国家和地区派遣近 1100 人次粮农技术专家和技术员，约占联合国粮农组织南南合作项目派出总人数的 60%。

四是签署多份粮食和农业合作协议。截至 2019 年，我国已经与 60 多个国家和国际组织签署 120 多份粮食和农业多双边合作协议、60 多份进出口粮食检疫议定书，与 140 多个国家和地区建立了农业科技交流和经济合作关系，与 50 多个国家和地区建立双边农业合作组。

五是积极参与世界粮食安全治理。积极响应和参与联合国粮农组织、世界粮食计划署等涉粮国际组织的倡议和活动。积极参与国际食品法典、国际植物公约等国际规则制定，成功推动世界动物卫生组织、国际标准化组织等 10 多项农药残留国际标准、谷物国际运输标准、国际贸易粮食检疫措施标准等的制定，主导制修订小麦规格、玉米规格等多项粮食国际标准。牵头推动亚洲合作对话"粮食、水与能源安全相互关系"工作，积极参与东盟与中日韩 10+3 大米紧急储备机制，先后发起或主办亚太经合组织农业和粮食安全部长会议、二十国集团农业部长会议、金砖国家农业部长会议、中国—拉丁美洲和加勒比农业部长论坛、中国—太平洋岛国农业部长会议、世界农业展望大会等重要国际会议，推动各国在粮食安全治理方面达成共识。

本章结语

概括起来，经过几十年艰苦奋斗走出来的这条中国特色国家粮食安全道路主要有如下几个特点：

一是始终坚持以人为本的发展理念，始终不忘全心全意为人民服务的党的宗旨和民富国强的初心使命。把解决亿万中国人的吃饭问题作为治国理政的头等大事，群策群力调动社会各方面发展粮食生产和壮大粮食产业的积极性，这是我们探索和开辟中国特色国家粮食安全道路的活力源泉。

二是始终坚持保护和提升粮食综合生产能力，始终绷紧稳定发展粮食生产这根弦。任何时候都绝不放松粮食生产，千方百计保护和调动亿万农民的粮食生产积极性，千方百计推动粮食产品增产增收和粮食产业做大做强，这是中国特色国家粮食安全道路的立足之基。

三是围绕保障供给，先是实行粮食统购统销，继而沿着市场化的改革方向放开搞活粮食流通。由粮食总量供给不足情况下的粮食统购统销体制逐步转变为全面放开购销的粮食市场化流通体制，不仅有效满足了亿万人民对粮食产品日益丰富多元的数量需求，而且也大大提升了要求越来越高的粮食产品质量，这是中国特色国家粮食安全道路的体制保障。

四是围绕防灾减灾和应对重大突发事件，不断健全国家粮食储备体系、探索建立包括主要粮食品种在内的农业灾害保险体系，充实完善粮食安全省长责任制。这些举措，不仅增强了应对国内国际粮食市场变化的能力和粮食生产的风险防范能力，也强化了地方政府应承担的国家粮食安全责任，这是中国特色国家粮食安全道路的"稳定器"和"安全阀"。

五是围绕全面提高粮食产业发展的整体素质、综合实力与竞争力，大力推进粮食产业化经营，大力推进"藏粮于地"与"藏粮于技"战略，大力推进粮食产业的绿色发展与高质量发展。在一系列的新发展理念的引导推动下，粮食产业发展方式加快转变，新型粮食生产经营主体不断涌现，顺应现代农业发展要求的粮食产业体系、生产体系和经营体系加快构建。这是中国特色国家粮食安全道路的生机之所在与希望之所在。

六是围绕充分利用国内国际"两种资源、两个市场"，一方面是倡导全球贸易自由化、积极开展粮食国际贸易，另一方面是坚持多边主义原则，大力推进粮食领域的国际合作与交流。以世界眼光和全球视角来谋划国家粮食安全，不仅是人类合作双赢的发展理念之中国实践，而且也是构建人类命运共同体的大国担当与大国责任，这是中国特色国家粮食安全道路的应有情怀与战略高度。

第三章

粮食供求格局变动趋势

———————— • 本章提要 • ————————

　　力求做到粮食总量与结构的供求平衡，是确保国家粮食安全的基本着力点。对粮食供求形势的分析与判断乃是实现粮食供求平衡的重要前提。综合判断，我国粮食供求将长期处于紧平衡的基本态势，这是由我们必须面对的世情国情农情粮情决定的。本章拟从四个方面分析制约我国粮食供求平衡的影响因素：一是资源环境因素对粮食生产的制约，二是农业科技与要素投入因素对粮食生产的制约，三是世界的粮食贸易状况对我国粮食供给的影响，四是我国粮食消费需求基本走势的影响。本章的核心是围绕粮食供求紧平衡展开，进而确立：粮食供求紧平衡，既是我国粮食安全所面临的基本态势与客观制约，也是确保国家粮食安全的现实选择与理性选择。

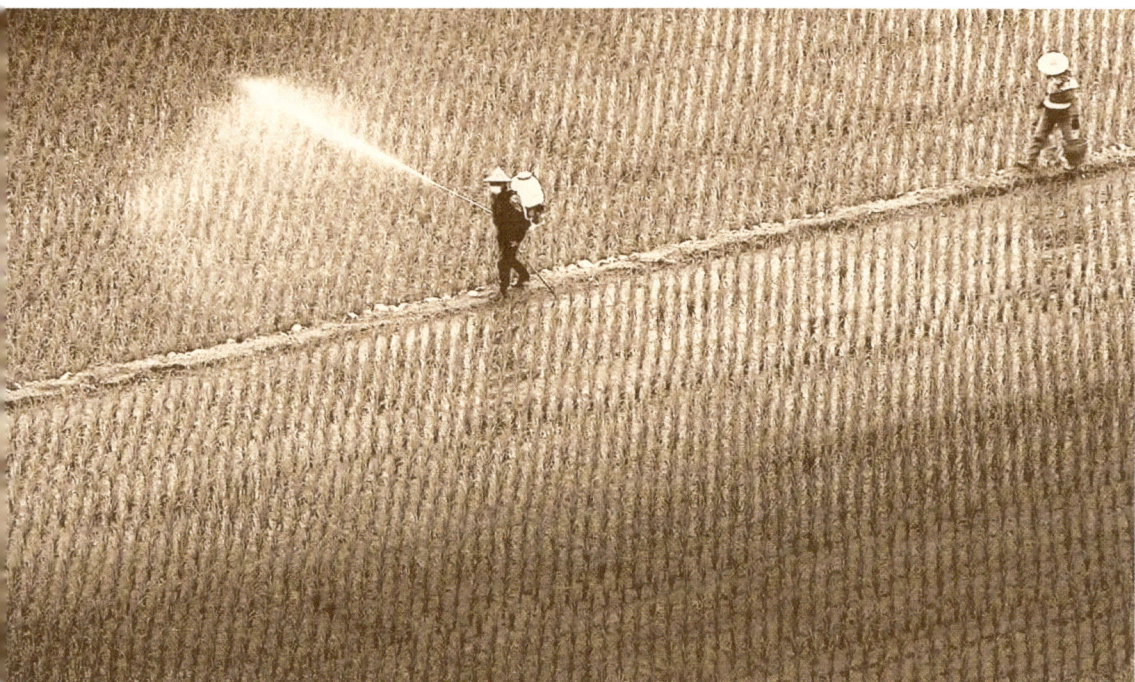

　　习近平总书记 2013 年 12 月先后两次谈到我国粮食的"紧平衡"问题，一次是在 12 月 10 日的中央经济工作会议上讲道，虽然我国粮食生产连年丰收，但这就是一个紧平衡，而且紧平衡很可能是我国粮食安全的长期态势。[①] 一次是在 12 月 23 日的中央农村工作会议上讲道："在粮食问题上，我们现在是紧平衡。紧平衡，一是解决粮食供需基本平衡，二是防止粮食供应宽松后造成粮价下跌、影响种粮积极性，这是一个两难。紧平衡是个技术活，是在走钢丝，这边调一调，那边调一调，调不好就失衡了。我们想达到一种理想状态，但拿捏好分寸取决于我们的水平，也取决于大环境。"[②] 在我们这个人口众多而资源相对紧缺的发展中大国，解决亿万人民的吃饭问题，过去、现在和将来都始终是经济社会发展的头等大事。面对全面建成小康社会和打赢脱贫攻坚战所迎来的新形势新任务新要求，面对包括新冠肺炎疫情全球性爆发等世界形势的种种风险挑战与不确定性，我们必须更加深刻认识与理解确保国家粮食安全的极端重要性，进而科学准确地把握我国粮食供求格局变动的基本态势。

　　一般说来，粮食的供求格局与其他任何商品一样，无外乎有供过于求、供求平衡和供不应求三种形态，而比较理想的选择是供求平衡或供求基本平衡。但是，理想是一回事，现实又是一回事。在现实中要做到粮食供求平衡或基本平衡可谓是个高难度的"技术活"，乃至是可遇而不可求的，更不用说是在一段时期内保

　　[①]《习近平关于"三农"工作论述摘编》，中央文献出版社 2019 年版，第 67 页。

　　[②]《习近平关于"三农"工作论述摘编》，中央文献出版社 2019 年版，第 77 页。

持粮食供求平衡或基本平衡了。回顾我国过去 70 多年的粮食发展历史，在改革开放前的粮食短缺时代，由于粮食总量供给不足，过紧日子可谓是我国粮食供求平衡的常态；改革开放以来，除了 20 世纪 80 年代中期和 90 年代中后期两度出现较为明显的粮食总量供过于求之外，其余绝大多数年份总体上是处于紧平衡状态。2004 年以来，我国粮食总产持续保持增长，从 2003 年的新"谷底"43070 万吨先是恢复到 2007 年的 50413.9 万吨，基本恢复到 1996 年的总产水平（50454 万吨）；此后的四年在 5 亿吨的大台阶上连续创造新高，于 2012 年登上总产 6 亿吨的新台阶，2015 年以来连续五年稳定在 6.5 亿吨以上。这背后反映的其实也是紧平衡乃是我国粮食供求的常态格局，粮食生产在任何时候都放松不得，过去如此，今后依然如此。

粮食供求紧平衡也是粮食供求总量与结构的一种平衡，并不意味着我国粮食供给出现了什么大的问题，而是我们审时度势的现实选择与理性选择。我们既要看到其立足国内资源状况有利于合理配置农业资源的一面，也要看到其放眼世界资源状况有利于充分利用国外资源与市场的一面。我国保持粮食供求的紧平衡既有其必然性也有其必要性。从国内农业资源利用角度看，粮食供给偏紧，不仅会给农业结构的调整优化留下一定空间，有利于促进其他农作物发展，更好地满足日趋丰富多元的农产品需求；而且有利于市场粮价保持在合理水平，保护和调动农民发展粮食生产的积极性，避免与防止谷贱伤农和粮食生产大起大落。从利用国外资源市场角度看，我国的粮食供给偏紧，不仅有利于国外农业资源的开发利用，促进农业资源比较丰富的国家发展壮大农业产业和农民增收；而且有利于维护国际市场粮价的平稳运行，促进世界粮食生产的持续稳定发展。很大程度上可以说，粮食供求紧平衡的常态化与长期性，是不以人的意志为转移的，是由我们必须面对的国情农情与世情粮情所决定的。因此，确保国家粮食安全要求我们必须对粮食产业发展所面临的硬制约与软约束始终保持清醒的认识，切实做到"知己知彼"，把握住我国粮食供求格局的变动趋势，掌握国家粮食安全的主动权。

耕地保卫战
既保耕地数量红线，又保耕地质量红线。

第一节　粮食生产的资源环境制约

农业是人类社会赖以生存的基本生活资料的来源，其与所谓的第二、第三产业的最大不同是：农业生产经营活动是自然再生产与经济再生产的统一，在农业生产经营活动中必须遵循包括动植物的生长发育规律在内的各种自然规律。因此，资源环境对粮食生产的影响可以说是一种硬约束，更不用说违背自然规律或以资源环境为代价发展粮食生产必会遭受大自然的报复了。习近平总书记在2013年的中央城镇化工作会议上指出："我国粮食实现了'十连增'，但粮食增产面临的水土资源、生态环境压力越来越大，连续增长的空间并不大。"[①] 这是我们对粮食生产的资源环境应有的清醒认识。粮食是从地里长出来的，耕地是根本，水利是命脉，生态环境是屏障。为此，本节重点从耕地资源、淡水资源和生态环境三个方面来

---

① 《习近平关于"三农"工作论述摘编》，中央文献出版社 2019 年版，第69 页。

分析阐述我国粮食生产面临的硬制约。

一、耕地资源制约

耕地是粮食生产的基本载体，是粮食生产最重要的自然资源基础，耕地的数量和质量直接影响到粮食产出的数量和质量。习近平总书记指出："耕地是粮食生产的命根子。"[①] 必须站在历史和全局高度，坚持实行最严格的耕地保护制度，坚决守住耕地保护红线和粮食安全底线。耕地的红线既包括数量，也包括质量。从耕地数量上看，我国的耕地总面积排在世界第三位，但人均耕地面积却不到世界人均水平的1/3，在世界190多个国家中排名第126位。2017年我国耕地面积为20.23亿亩，按年末总人口139008万人计算，人均耕地面积1.46亩。在东部地区特别是东部的沿海省份，人口多而耕地少，但在西北地区则是人口少而耕地多，这反映出我国的耕地资源分布与人口分布是不相匹配的。

我国有很高比例的耕地用于种植粮食，粮食作物播种面积占农作物总播种面积的比重在1950年的时候是88.81%，到1978年下降到80.34%，2018年进一步下降到70.55%。大部分耕地用于生产粮食，这是确保我国"谷物基本自给、口粮绝对安全"的战略抉择。而包括大豆在内的粮食进口格局在某种程度上正反映出我国耕地资源的总量不足。2018年，我国包括大豆等油料和饲料在内的粮食进口总量为11555万吨，其中大豆8803万吨，按当年国产大

---

① 《习近平关于"三农"工作论述摘编》，中央文献出版社2019年版，第74页。

豆单产水平 126.53 公斤 / 亩估算，进口大豆需要使用约 6.96 亿亩播种面积，相当于当年农作物播种面积的 28% 左右。

近年来，随着耕地保护基本国策的深入贯彻，我国实施最严格的耕地保护制度，耕地面积大量减少的势头得到有效遏制。但我国工业化和城镇化在快速发展，农用地转为非农建设用地的过程在持续，加上水土流失、土地退化等原因，全国耕地面积仍在逐渐减少。2012—2017 年，全国因建设占用、灾毁、生态退耕、农业结构调整等减少耕地面积约 3168 万亩，通过土地整治、农业结构调整等增加耕地面积约 2598 万亩，六年间累计净减少耕地面积约 570 万亩，平均每年减少约 95 万亩。尽管在个别年份我国耕地面积会出现小幅恢复性增加，但在城镇化推进的背景下，建

拓土增良田
农业荒漠变沃土，不毛之地成良田。

轮作休耕 让土地歇口气
土地减负促生态，永续发展保粮安。

设用地和耕地之间的矛盾依旧突出，保护耕地的形势依然严峻。

从耕地质量看，我国耕地受干旱、洪涝、盐碱、陡坡、瘠薄等多种因素的影响，中低产田所占比重约 2/3，耕地质量整体不高对粮食单产提升造成了很大压力。2015 年中央一号文件提出要实施耕地质量保护与提升行动，同年农业部就制定了《耕地质量保护与提升行动方案》，落实耕地保护"量质并重"和"用养结合"理念，重点是"改、培、保、控"四个方面。根据农业农村部公布的《2019 年全国耕地质量等级情况公报》，全国 20.23 亿亩耕地质量等级由

高到低依次划分为一至十等，2019年全国耕地质量平均等级为4.76等，比2014年提升了0.35个等级。尽管耕地质量等级在逐渐提高，但四至六等的耕地占到46.81%，七至十等的耕地占到21.95%，质量为中低等耕地占多数的格局在短期内还难以扭转。东北平原的黑土地被誉为"耕地里的大熊猫"。近年来却由于长期高强度开发利用、地下水超采严重等原因，导致黑土区耕地出现长期透支，肥沃的黑土变得越来越"瘦"、越来越"薄"和越来越"硬"。例如吉林省梨树县的黑土厚度曾在30年时间内减少了近40厘米。当前国内很多地方都在开展耕地地力保护试点工作，但一些地方还存在过度利用耕地、重用轻养、管理意识淡薄和占用优质地补充劣质地等现象，全面提升我国耕地质量的任务还很艰巨。

我国耕地资源有限，要确保全部农产品依靠国内生产供给既不符合国情农情也不符合经济比较优势。在市场经济条件下，农民是种粮还是种其他作物，是由种植不同类型作物的比较收益决定的。在耕地数量大体不变的情况下，如果用于种植其他作物的耕地多了，那么用于种植粮食的耕地自然就少了。2014年国务院发布的《关于建立健全粮食安全省长责任制的若干意见》就明确提出，"在耕地流转过程中，要避免非粮化"。大部分粮食作物的生产成本和收益不成正比，种植经济作物的收益要远高于种植粮食，正因为这样，流转土地的各类新型农业经营主体为了追求土地经营的利润最大化，逐渐少种粮食甚至不种粮食而转种其他经济作物。不管是普通农户还是新型农业经营主体，他们调整种植结构都是面向市场需求的，如果种粮和种植其他作物的比较收益继续拉大差距，他们就会更加愿意种植蔬菜瓜果等收益较高的非粮作物，粮食作物和非粮作物之间争地的矛盾将会日趋激烈。

二、淡水资源制约

水利是农业发展的命脉。我国是一个缺水大国，被联合国列为 13 个贫水国家之一，全国 50% 的国土面积年降雨量低于 400 毫米。2018 年全国水资源总量 27462.5 亿立方米，其中，地表水资源量 26323.2 亿立方米，人均水资源占有量 1971.8 立方米，约为世界平均水平的 1/4。在水资源的开发利用中，农业既是用水大户也是缺水大户，2018 年我国农业用水占用水总量的 61.4%，而据《全国节水灌溉规划》，"十三五"期间我国农业用水缺口在 500 亿立方米左右。灌溉是粮食增产丰产的重要保障，我国粮食生产对灌溉的依赖程度非常高，灌溉耕地大约生产了全国 70% 的粮食产量，包括 94% 的小麦、100% 的水稻和 45% 的玉米。

时空分布的不均衡加剧了水资源对粮食生产的约束。从时间分布看，受季风气候等因素影响，我国水资源年内、年际变化都比较大，大部分地区降雨量最多的前四个月占了全年降雨量的 70% 左右。南方地区的降雨呈现出雨热同期特点，雨季和旱季区分较为明显。而北方地区如黄河流域的降水集中在 6—9 月，几乎占全年降水的 70%。从空间分布看，我国的水资源分布趋势是从东南向西北逐渐递减，水资源和耕地资源的空间分布极不匹配。2017 年，我国北方地区耕地面积占 58%，但水资源量仅占 17.7%，却用了 48.1% 的农业用水，生产出 58.6% 的粮食；而南方地区耕地面积占 42%，水资源量却占 82.3%，用了 51.9% 的农业用水，生产出 41.4% 的粮食。这反映出，我国耕地资源是"南少北多，东少西多"，而水资源是"南多北少，东多西少"。也就是说，我国地少的地区水多，水少的地区地多，水资源和耕地资源是错配的，而且还非常严重。

欧洲的一些国家并不是灌溉农业，湿润的气候让这些国家的农业不用灌溉也能较好地发展。我国的气候特征决定了农业在很大程度上要依赖灌溉。农业用水主要是农田灌溉，我国的有效灌溉面积所占比重并不高，2018年全国有效灌溉面积10.24亿亩，占全国农作物播种面积的41.15%，即超过一半播种面积的农作物需要"靠天吃饭"。除了有效灌溉面积占比不高之外，我国农业用水效率低也是一个突出问题。近年来国家大力实施大型灌区续建配套和节水改造等项目建设，推广节水灌溉技术，狠抓最严格的水资源管理制度。到2018年，我国耕地实际灌溉亩均用水量是365立方米，农田灌溉水有效利用系数提高到0.554，但和发达国家的0.7—0.8相比仍有较大差距。粮食生产效率和粮食生产用水效率关系密切，总体来说，我国粮食生产用水效率整体不高，吨水粮食产量约为1公斤，而发达国家为2.5—3公斤。农田灌溉用水之所以会低效率，除了地貌、土质、气候等因素外，还跟农业用水方式落后、用水管理薄弱等密切相关，尤其是部分地方还保留着传统灌溉中的大水漫灌方式，耗水量大，水的利用率非常低，而推广普及微喷灌、滴灌、渗灌等现代农业节水灌溉方式面临着方方面面的困难和障碍。农田水利等基础设施建设滞后也是我国农业用水低效率的重要原因，水库、沟、渠、井等设施老化失修，进一步加剧了粮食生产的水资源稀缺性。

在淡水资源制约上，局部地区的水资源过度开发利用问题需要引起高度重视。淮河、松花江、辽河、黄河流域的地表水资源开发

走出旱涝的烦恼

水多水少，掣肘粮食生产；兴利避害，实现旱涝保收。

率分别达到了 73.8%、42.1%、50.6%、54.7%，海河流域更是高达 98%，均超过国际公认的 40% 的水资源开发生态警戒线。地下水超采问题突出，例如华北地区每年生产的粮食占到全国总产量的 25% 以上，享有"中国大粮仓"之美誉，但该地区地下水超采由来已久，超采亏空累计达到 1800 亿立方米，形成了世界上最大的地下水漏斗区。粮食作物生产需要大量水资源，由于全国农业用水总量保持稳定、占比不断下降，农业用水出现了牲畜养殖用水与农田灌溉用水、非耕地灌溉用水与耕地灌溉用水、粮食主产区的经济作物用水与粮食作物用水等多种类型的"争水"现象。从牲畜用水和灌溉用水看，1997—2017 年农田灌溉用水量占农业用水量的比重从 92% 下降到 87.9%，表现为牲畜用水不断上升，而灌溉用水不断下降。从耕地灌溉与非耕地灌溉看，灌溉面积由耕地、林地、果园、牧草等构成，2000—2017 年耕地灌溉面积占灌溉总面积的比重从 92.71% 小幅度下降为 91.71%。从粮食主产区的耕地灌溉面积占比看，2002—2017 年，13 个粮食主产区中除辽宁省外，有 12 个粮食主产区的耕地灌溉受到林地、果园、草地灌溉挤压，比较突出的是内蒙古、湖北、江西、江苏等，其中内蒙古耕地灌溉面积占灌溉总面积的比重在 15 年间下降了 11.7 个百分点。在三大主粮作物中，水稻的用水量最大，但水稻又是主要的两大口粮作物之一，少种水稻、多种小麦和玉米并不现实，我们更需要的是开发和推广节水技术，通过技术创新去破解水资源制约。

三、生态环境制约

我国是一个发展中的农业大国，过去依靠化肥农药的高投入带

哈尼梯田千年不旱之谜
尊崇自然法则，资源综合利用。

跟"镉大米"说再见
加强土壤保护，严控土壤污染。

来了粮食的高产出，但同时也带来了突出的环境问题。《2019 中国生态环境状况公报》显示，全国农用地土壤环境状况总体稳定，影响农用地土壤环境质量的主要污染物是重金属，其中镉为首要污染物；黄河流域、松花江流域、淮河流域、辽河流域和海河流域为轻度污染。2020 年公布的《第二次全国污染源普查公报》表明，2017 年地膜使用量 141.93 万吨，多年累积残留量 118.48 万吨。不合理使用化肥、农药、农膜等化学品农资，会导致严重的农业面源污染，进而损害粮食生产的生态基础。

我国农业生产中的化肥农药使用效果已表现出相当明显的边际报酬递减现象。例如随着氮肥施用量的增加，水稻产量渐增，但增势减缓，到最高产量后，继续增加氮肥施用量，产量转而下降且肥料成本增加引发净收入减少，同时，长期过量使用化肥带来了耕地贫化、土地板结和水土流失的后果。所幸的是，2015 年以来，农业部开展到 2020 年化肥农药使用量零增长行动，已取得明显成效，到 2017 年农药使用量已经连续三年减少，化肥使用量连续两年减少。2019 年，我国水稻、小麦、玉米三大粮食作物的化肥利用率为 39.2%，农药利用率为 39.8%，比 2017 年分别提高 1.4 个百分点和 1 个百分点。尽管我国的化肥农药利用率持续提高，但化肥施用量仍高于亩均 8 公斤的世界平均水平，农药利用率相比欧美发达国家 50%—60% 仍有一定差距。化肥和农药利用率低和过量施用，相当部分会进入环境中造成污染，引起土壤结构板结、破坏、养分失调，导致地力下降，进而造成粮食品质下降和破坏农业生态系统。

在粮食种植过程中，农机使用越来越普遍，但农机使用造成的环境污染日益突出。例如在"三夏""三秋"关键农时季节，有些地区使用老旧淘汰的柴油农机具，排出废气、废油、废水，污染水体和土壤及农机作业扬尘排放等很容易形成农机面源污染。农资包装污染的问题本来就一直存在，但过去很长一段时间都没有引起社会大众的足够重视。近年来农资包装废弃物数量在激增，有的地区反映，在处理农药包装瓶或包装袋时，不少农民会选择将其丢弃在田埂、水渠等地，只有小部分农民会把它们带回村庄，进行焚烧等相关处理。丢弃的农资包装物会导致大量氮、磷、农药、重金属等物质被带入水体，渗入土壤，严重破坏生态环境。

关注耕地质量
控肥控药，消除面源污染；安全绿色，持续健康发展。

气候变化与粮食安全
极端天气，威胁粮食安全；多管齐下，应对气候变化。

此外，我国地域广博，不同地区的气候条件千差万别，农业气象灾害种类比较多，包括干旱、洪涝、台风和极端天气等多种形式，多种气象灾害都导致了粮食产量下降。我国农业因灾损失的70%—80%是由气象灾害造成的。根据1978—2016年全国农作物灾害面积统计数据分析，影响农业生产的主要气象灾害是旱灾、水灾、风雹灾和冷冻灾，这四类灾害年均受灾面积分别为3.4亿亩、

1.63 亿亩、0.67 亿亩和 0.48 亿亩，占总受灾面积的 96%。分灾种看，水灾、风雹灾的受灾面积、成灾面积及旱灾的受灾面积都呈现出逐年减少趋势，但旱灾的成灾面积和冷冻灾的受灾面积、成灾面积则有逐年增加趋势。除气象灾害外，病虫草鼠灾害也不容忽视。

第二节　粮食生产的科技投入约束

农业发展一靠政策、二靠科技、三靠投入，是 20 世纪 80 年代开始流行的一句老话，也是我国农业发展的经验之论。我国粮食总产不断登上新台阶，政策的作用是保护和调动生产者的积极性，科技的作用是带来增产提质增效的希望与可能，投入的作用是把希望与可能转化为现实的产出。但不可否认的是，这三方面的情况同时也是今后我国粮食产业发展的重要约束条件。本节的重点是从科技创新、要素投入与成本收益的视角分析我国粮食生产面临的制约因素。

一、科技创新约束

科技是农业发展的重要支撑，对农业发展有着巨大的促进作用。2014 年 5 月，习近平总书记到河南省开封市尉氏县考察粮食生产时指出，要努力在高基点上实现粮食生产新突破，强调粮食生产的出路在科技。[①] 通常来说，增加粮食产量有两个方向：一是扩

---

① 《习近平关于"三农"工作论述摘编》，中央文献出版社 2019 年版，第 84 页。

大粮食种植面积，这需要依靠增加耕地资源和提高粮食复种指数；二是提高粮食单产水平，即提高粮食综合生产能力。在耕地资源不足和复种指数难以提高的情形下，选择通过科技进步促进粮食增产就是另一种现实选择。

农业科技创新是我国保障粮食安全的基础和推动力。从全国看，我国持续推进农业科技进步，大力发展现代种业，推进农机化转型升级，2019年全国农业科技进步贡献率达到59.2%，农作物综合机械化率已超过70%，主要农作物自主选育品种达到95%以上。农业科技发展的成绩固然喜人，但我们也应当看到，尽管我国农业科技进步贡献率从1996年的15.5%提高到2019年的59.2%，提高了43.7个百分点，但发达国家在2015年时农业科技进步贡献率就已达70%—80%，这说明我国农业科技与发达国家还有一段差距，意味着我国通过科技创新发展农业的潜力还有较大的空间。从粮食主产区看，2016年粮食主产区13个省份的平均农业科技进步贡献率达到58.8%，高于同期全国平均水平（56.7%），但低于粮食主销区7个省份的平均水平（63.7%）。要改变我国粮食生产科技支撑能力薄弱的现状，必须依靠"科技兴粮"。

"藏粮于技"战略说明粮食生产要依靠科技，而科技发展又离不开投入。1978—2016年，国家财政支农支出从150.66亿元增加到18587.36亿元，增加了122倍还多，但财政支农支出占财政支出的比重却从13.43%下降到9.9%。与发达国家相比，我国农业科研资金投入偏低，仅相当于世界平均水平的1/4，发展中国家的2/3。当农业科研投资额占农业总产值的比重超过2%时，一般认为农业科研投资强度是足够的，可以稳定支持农业发展。而我国的农业科研投资金额只占农业总产值的0.4%左右，投资强度明显不够，中央财政每年用于农业科技的支出不足农业财政支出的 1%。粮食科技投入方面，长期以来比较注重育种、新肥料、新农药研制等产前环节，对田间管理、栽培技术等产中环节和收藏、储运、加工技术等产后环节重视不够，投入不足，导致粮食产业链各环节的科技进步不平衡。

我国农业科技创新存在着"四多四少"现象，表现为常规技术多、重大关键技术和创新技术少；产量技术多、品质技术少；生产技术多、加工技术少；知识形态技术多、转化为现实生产力的技术少。即便如此，我国农业科技成果转化率依然偏低。据 2020 年中关村论坛——农业科技创新论坛资料，即使是拥有大量农业高校及科研机构的北京市，农业科技成果转化率为 20%，与荷兰 75%—80%的成果转化率相比还有很大差距。这既反映出我国农业科技成果转化率与发达国家的差距，也说明我国有较多的农业科技成果没能转化为实际生产力，农业科技研发和农业生产实践之间存在较多脱节的地方，即科技创新的供需不匹配。农业科技成果转化率低，在一定程度上也跟农业科技支出结构有关，实际上我国用于农业科技成果转化的资金不到农业科技支出的 5%。此外，农业科技成果的评价制度还不够完善，例如有的农业科技研发"离农离地"，不够"接地气"，跟农民的实际需求脱节，即使研发出了某一项技术，但这项技术可能有点"高大上"，普通农户用不上用不起。如果农业技术人员不能深入田间地头，而只是在实验室里"闭门造车"，技术研发的实际成效就达不到预想效果，某些地区要确保"藏粮于技"就会面临更大挑战。

我国已经建立了农业技术推广服务体系，推广了一大批先进适用的农业新技术和新品种，也对农民开展了农业技术培训。但不同地区不同类型的农民对科技服务的需求不同，各种技术在推广上大都有其地域性限制，这也增加了技术推广的难度。在基层农业技术推广队伍中，专业技术人员占到的比重在一半左右，由于工作任务重等多种原因，他们当中每年有时间有机会参加短期培训提升业务能力的人占到的比重还要低得多。在粮食主产区，不少省份还存在农业科技推广队伍不健全、人才匮乏、农技推广资金支持力度不够、农技推广效率低等一系列问题。农民接受农业科技服务的意识淡薄也影响了农技推广的效果。由于种种原因，一些已经比较成熟的农业科技，例如测土配方施肥、节水灌溉、绿色生产等技术得不到广泛使用。

二、要素投入约束

现代投入要素的使用对农业发展尤其是粮食增产的作用巨大，但也仍然逃不出边际报酬递减规律。受农业基础设施薄弱、投资周期长回报低、经营风险大等因素制约，先进技术装备走入农业表现为辐射慢、渗透慢、转移慢，大马力、高质量装备主要依靠国外进口，农药化肥种子缺乏自主创新，先进适用、绿色环保、节本增效的技术研发应用不够。在加快推进农业农村现代化的背景下，现代要素投入不足问题将日益凸显，这无疑会增加持续提升粮食综合生产能力的难度。

资金、劳动力等生产要素配置以利益为导向，依然有离农、离粮倾向。资金和劳动力属于农业社会资源，且流动性相对较强，其流动性存在着软约束，即资金和劳动力可以在不同部门之间流动以寻求更高的投资回报率。在投资利益驱动和风险规避的双重作用下，粮食生产的资源要素从粮食生产流向非粮种植业、养殖业甚至非农产业的过程是不可避免的。每年有数百万亩优质耕地被城镇化和工业化占用，稳定农业产能的基础受到冲击。高素质农村劳动力大量进入城镇，农业发展缺人才、农村发展"空心化"问题突出。随着农民外出就业规模的扩大和农村高素质人才的流失，农村特别是粮食主产区的农业劳动力素质在不断弱化，这将直接妨碍现代农业技术与农业经营方式在农村的扩散，给农业技术培训带来新的难题，既不利于农业结构的转型升级，也会影响粮食产业的持续健康发展。

谁来种地

未来谁来种地？怎样种好地？

给土地产粮上保险

预防灾害风险，解除后顾之忧。

在农业劳动力大量转移的情况下，使用农机替代劳动力是农业现代化的一个重要表现。我国农作物耕种收综合机械化率由 2003 年的 33.5％提高到 2019 年的 70％，小麦、水稻、玉米等三大主粮作物基本实现机械化。2019 年，我国又新创建 153 个全程机械化示范县，遴选形成了 27 个全程机械化生产模式，在 20 个省份开展植保无人飞机规范应用试点。但我国农业机械化仍面临一些挑战，突出表现为基础研究薄弱，原创性科技成果少，关键技术自给率较低；农机产能过剩与缺门断档并存，中高端产品不多，部分农机装备有效供给不足；农机农艺结合不够紧密；农机作业基础设施建设滞后，部分地方特别是丘陵山区出现农机"下田难""作业难"，存在"有机难用"等问题。

在气象灾害和病虫灾害面前，农业保险对分散转移农户农业风险的作用就显得尤为重要。2007 年以来，我国的农业保险快速发展且成效显著，但农业保险的保障广度和深度还需要进一步加强。从保障广度看，2018 年，水稻保险承保面积 3.45 亿亩，占全国水稻播种面积的 76.26%，与划定的 3.4 亿亩水稻生产功能区面积基本相当；小麦保险承保面积 2.58 亿亩，覆盖了全国小麦播种面积的 70.93%，相当于 3.2 亿亩小麦生产功能区面积的 80.62%；玉米保险承保面积 3.81 亿亩，覆盖了全国玉米播种面积的 57.68%，相当于 4.5 亿亩玉米生产功能区面积的 84.66%。从保障深度看，2018 年三大主粮作物保险亩均保额能够覆盖亩均物化成本的 90% 以上，但亩均保额占亩均产值的比重基本维持在 40% 左右，其中小麦为 43.44%、玉米为 44.57%、水稻为 34.78%。从实践看，我国农业保险仍面临着保障不够充分、赔付标准低、赔付不够及时、理赔不尽规范等问题，还处于粗放发展阶段，亟须推动农业保险高质量发展。

灾情发生后，如果政府和农民群众积极应对，抓好防灾减灾和灾后生产恢复各项措施落实，便能大大降低灾害损失。近年来我国粮食生产防灾减灾工作取得了显著成效，但还存在一些问题：一是农田基础设施建设还存在"短板"，无形中降低了粮食生产的灾前防护能力，有的地方重视救灾和灾后建设，对灾前防护重视不够，导致防灾减灾资金投入"轻灾前、重灾后"。二是种粮农户的防灾危机意识有待强化，有的种粮农户缺少防灾减灾、抗灾自救的意识，在受灾后被动地等政府安排、靠政府救济和向政府要补助。三是灾害应急管理体系不够完善，有的地方在具体执行防灾减灾工作时存在部门责任划分不清、沟通协调渠道受阻等问题，降低了防灾减灾资源的配置效率。由于农业防灾减灾仍然存在一些短板弱项，当农业灾害达到一定程度后，会对粮食综合生产能力带来不利影响，给实现粮食供求平衡和维护粮食安全带来困难。

三、成本收益约束

粮食生产供给很大程度上取决于经营主体的种粮积极性，而种粮的经营效益和比较收益对经营主体的种粮积极性具有决定性作用。近年来，我国种粮的比较收益呈下降趋势，尽管粮食补贴规模不断增加，但总体上没能弥补成本快速上升导致的利润下降，再加上种粮面临的高自然风险以及农民外出打工的收入越来越高，农民的种粮积极性有所下降。

21世纪以来，我国稻谷、小麦和玉米的生产总成本及人工成本、土地成本等各项成本不断上升。根据国家发展和改革委员会编制的《全国农产品成本收益资料汇编》数据，2004—2018年期间，稻谷、小麦和玉米三大主粮的平均生产总成本从395.4元/亩上涨到1093.77元/亩，上涨176.59%。同期，三大主粮生产的平均人工成本从141.26元/亩上涨到419.35元/亩，上涨196.86%；平均土地成本从54.07元/亩上涨到224.87元/亩，上涨315.89%；物质与服务费用从200.12元/亩上涨到449.55元/亩，上涨124.64%。从成本的上涨速度看，人工成本和土地成本的上涨速度明显快于物质与服务费用。从成本构成看，2004—2018年，三大主粮的人工成本和土地成本合计占生产总成本的比重从49.39%上升到58.9%，物质与服务费用所占比重相应下降。可以说，种粮成本的快速上升主要是人工成本和土地成本上涨推动的。

从粮食售价与生产成本的比较看，2004—2018 年，三大主粮每 50 公斤主产品的平均售价从 70.73 元上升到 109.66 元，上涨55.04％，而同期的生产总成本从 47.25 元上升到 118.97 元，上涨151.79％，生产总成本的上涨幅度远高于售价的上涨幅度。快速上升的粮食生产成本不仅成为"推高"稻谷与小麦最低收购价与玉米等临时收储价格的重要因素，也是出现国内外粮食价格倒挂的基本"力量"。据统计，2014 年我国稻谷、小麦、玉米、大豆每吨生产成本比美国分别高出了 39％、14.8％、112％和 103.3％。这样的状况不仅明显降低了我国粮食产品的国际竞争力，也大大压缩了农民种粮的利润空间。根据《全国农产品成本收益资料汇编》数据，三大谷物的平均净利润从 2011 年每亩赚 250.76 元下降到 2018 年每亩亏 85.59 元。前些年很多人都认可的关于成本"地板"与价格"天花板"的说法，尽管只是一个比较形象的比喻，但却表明了我国粮食生产面临的尴尬局面，也足见粮食生产降本增效的压力之大与任务之艰巨。

在种粮成本快速上升的背景下，如果粮食价格不能维持在合理的水平，农民的种粮收益相比于种植其他作物就会明显偏低，进而使农民考虑在种植粮食和种植其他作物之间的结构调整。再结合气候、水、土、光热等条件，种植作物之间比较收益的高低将会影响农民最终是多种粮还是少种粮。以 2018 年为例，如果将农民的家庭用工和自营土地折价计入生产总成本，则三种粮食作物的亩均净利润为亏损 85.59 元，成本利润率为负的 7.83％；甜菜、蔬菜的亩均净利润分别为 196.02 元和 2265.47 元，相应的成本利润率分别为10.97％和 50.15％。如果将家庭用工折价视为农民的劳动报酬，由于种植甜菜、蔬菜等需要大量劳动用工，那么种植非粮作物的"自雇"效应就更加明显，带给农民的收益会更高。可以说，解决种粮比较效益偏低的问题将是我国粮食生产持续稳定发展无法绕开的一个现实难题，需要我们切实采取有效措施加大生产扶持力度和保持合理的粮价水平。

第三节　粮食进出口的潜力与格局

进出口贸易是今后平衡我国粮食供求关系不可或缺的重要组成部分。我们既要充分发挥粮食进出口的品种调剂与余缺调剂作用，也要深刻意识到国际市场利用空间的有限性和贸易活动固有的风险与不确定性。本节的重点是：结合粮食国际贸易的现状分析，阐述我国利用国际市场进口粮食的潜力与趋势，以及今后我们可能面对的世界粮食贸易的不确定性。

一、全球谷物贸易的基本格局

进入 21 世纪以来，全球谷物产量有了明显的增长，贸易量也有较大幅度增加，基本的贸易格局在波动中调整变化。谷物总产量从 2000 年的 18.5 亿吨增加到 2019 年的 26.7 亿吨，贸易量从 2.3 亿吨增加到 4.3 亿吨，贸易量占总产量的比重从 12.4% 上升到 16.2%。全球谷物生产主要集中在亚洲、美洲和欧洲，我国和美国、欧盟、印度、巴西的产量优势明显，2019 年这些国家（地区）合计的谷物产量占全球的 62.7%。全球谷物出口主要集中在自然条件优越、生产技术水平较高和粮食人均占有量较大的国家和地区。美国、乌克兰、阿根廷、欧盟和俄罗斯是主要谷物出口国（地区），2019 年五国（地区）的出口量合计为 2.8 亿吨，占全球谷物出口总量的 65.1%。2000 年以来，美国始终位居世界谷物出口国的首位，但出口量波动中下降，近年来稳定在 8000 万吨左右。阿根廷和欧盟谷物出口一直位居前列，出口量大约在 1 亿吨。2010年以来，乌克兰、俄罗斯谷物出口能力不断增强，分别从谷物出口国的第 7 位和第 13 位上升至第 2 位和第 5 位，谷物出口合计 1亿吨。而全球谷物的进口格局则相对稳定，进口市场的集中度比较低。欧盟、墨西哥、日本、埃及和我国是谷物的主要进口市场，2019 年五国（地区）谷物进口量合计为 1.2 亿吨，占全球谷物进口量的 29.1%。①

小麦是全球分布最广，种植面积最大的谷物产品，世界 40%的人口以小麦为主食，全球小麦贸易活跃。2000—2019 年，全球小麦产量由 5.8 亿吨增加至 7.6 亿吨，贸易量由 1 亿吨增长至 1.9亿吨，占全球谷物贸易量的 44.2%。目前全球小麦已形成相对稳定的供求关系和贸易格局，欧洲、美洲是世界小麦的主要出口地区。欧盟、俄罗斯、美国、加拿大、乌克兰小麦出口量排在前五位，2019 年出口合计为 1.4 亿吨，占全球小麦出口总量的 73.7%。小麦进口相对分散，埃及、印度尼西亚、土耳其、巴西和菲律宾是主要进口国，2019 年进口合计为 0.5 亿吨，占全球小麦进口总量的26.3%。

大米是亚洲和非洲多数国家居民的主要口粮，大米国际贸易规模较小且数量相对稳定。2000—2019 年，全球大米产量从 4 亿吨

---

① 有关数据来源为美国农业部数据库，下同。

增加至4.9亿吨，贸易量由0.2亿吨增加至0.4亿吨，占全球谷物贸易量的9.3%。亚洲是全球大米的主产区和出口地区，印度、泰国、越南、巴基斯坦和美国是主要出口国，2019年五国大米出口合计为3124.8万吨，占全球大米出口量的75%。大米进口相对分散，菲律宾、我国、欧盟、科特迪瓦和尼日利亚是主要进口市场。2019年五大市场大米进口合计为955万吨，占全球大米进口量的23.9%。

随着世界人口增长和消费结构升级，尤其是近年来生物燃料发展较快，全球玉米产量和贸易量不断增长，玉米成为全球贸易量第二大的谷物产品。2000—2019年，全球玉米产量由5.9亿吨增加至11.1亿吨，贸易量由0.8亿吨增长至1.7亿吨，占全球谷物贸易量的39.5%。玉米总产量增加主要得益于种植面积的增长。2000—2019年，全球玉米种植面积由1.4亿公顷增加至1.9亿公顷，增长40.4%。美洲是全球玉米的主产区和出口地区，美国一直位居全球玉米产量和出口量的首位，阿根廷和巴西是传统的玉米出口强国，2005年以来乌克兰和俄罗斯玉米出口量增长迅速。2019年美国、阿根廷、巴西、乌克兰和欧盟五国（地区）玉米出口合计为1.5亿吨，占全球玉米出口量的88.2%。玉米进口相对分散，主要进口市场有欧盟、墨西哥、日本、韩国和越南，2019年五大进口市场玉米进口合计7720万吨，占全球玉米进口量的45.4%。

在这样的世界粮食贸易格局中，自加入世界贸易组织以来，我国的谷物进口有比较明显的增加，出口量则在波动中呈下降的趋势。2001—2019年，我国的谷物进口量由344.4万吨增加到1791.8万吨，出口量由876.9万吨下降至323.6万吨。虽然我国的谷物进口数量增长迅速，但占国内谷物消费量的比重不高，主要发挥品种调剂和地区调剂的作用。我国的谷物贸易伙伴集中，2019 年进口来源地依次是乌克兰、加拿大、澳大利亚、法国和美国，进口合计占谷物进口总量 77.6%。

加入世界贸易组织以来，我国小麦贸易量和贸易格局变动较大，总体进口增加，出口下降，贸易量占消费量的比重较低。2001—2019 年小麦进口量由 73.9 万吨增加至 348.8 万吨，占国内消费量的 3% 左右，小麦出口量由 71.3 万吨降至 31.3 万吨。我国主要进口优质小麦，缓解国内小麦供给的品种不平衡矛盾。2001—2010 年，澳大利亚、美国和加拿大是我国小麦的主要进口来源地，占据 90% 以上的小麦进口贸易份额。2009 年我国开始从哈萨克斯坦进口小麦，随后贸易量不断增加，同时与"一带一路"沿线国家中的以色列、俄罗斯、立陶宛等国的小麦进口贸易增长迅速，进口来源更加多元化。我国小麦出口市场较为集中，主要出口至朝鲜、埃塞俄比亚、中国香港等国家和地区，2019 年这三个国家（地区）出口合计占小麦出口总量的 96.2%。

加入世界贸易组织后，我国大米贸易伴随国内供需形势变化呈现不同特点，大米进口呈现先上升后下降的趋势，出口呈现出先下降后上升的趋势。2001—2019 年大米进口量由 29.3 万吨增加至 254.6 万吨，大米出口量由 187 万吨增加到 274.8 万吨。近年来我国大米进口来源渠道不断拓展，进口来源地由 7 个国家（地区）拓展至 15 个，但仍集中于东南亚和南亚地区，进口集中度较高。大米进口以泰国独大发展至越南和泰国并驾齐驱，近几年从巴基斯坦、缅甸、柬埔寨等地的进口规模不断扩大，2019 年自前五位进口市场进口合计占大米进口总量的 95.1%。大米主要出口至埃及、科特迪瓦、土耳其、朝鲜和韩国，2019年出口合计占出口大米总量的47.1%。

加入世界贸易组织前，我国是玉米的主要出口国，进口量很少。加入世界贸易组织后，我国玉米贸易格局发生较大变化。2001—2007年我国玉米进口量年均不足10万吨，玉米出口量一直保持较高水平，稳定在300万吨以上。2007年末，我国取消了玉米的出口退税，并征收出口关税，玉米出口量锐减，进口量增加，2009年由净出口转变为净进口。2010—2019年玉米进口量从157.3万吨增加到479.3万吨，进口占国内消费量的比例不到2%。我国玉米进口主要来自乌克兰、美国、老挝、缅甸、俄罗斯，进口合计占玉米产品进口总量的99.8%。

二、大豆国际贸易的基本格局

大豆是食用油和植物蛋白的主要来源，也是禽畜养殖业的主要饲料原料之一。2000年以来随着各国经济增长和居民生活水平的提高，人们对蛋白质和植物油的需求不断增加，促进了世界大豆生产和贸易规模的持续增长。2000—2019年，全球大豆产量从1.8亿吨增长至3.4亿吨，贸易量由0.5亿吨增长至1.6亿吨。大豆生产主要集中在土地广阔、气候适宜的南、北美洲和亚洲地区，主产国包括美国、巴西、阿根廷和我国。这四个国家的大豆产量占全球大豆产量的80%以上。2000年以来，主要受我国需求拉动，巴西、阿根廷、美国大豆生产增长迅速。2000—2019年，巴西大豆产量由3950万吨增长至12400万吨，年均增长6.1%，占全球大豆产量的比重由21.9%增加至36.4%。美国大豆产量由

7505.5 万吨增长至 9667.6 万吨，占全球大豆产量的比重由 41.7% 下降至 28.4%。阿根廷大豆产量从 2780 万吨增加到 5000 万吨，占全球大豆产量的 14.7%。大豆主产国也是大豆主要出口市场，但出口格局有所变化。2000—2019 年，美国大豆出口的垄断地位不断下降，大豆出口量由 2710.3 万吨增至 4490.6 万吨，占全球出口份额由 50.5% 降至 28.9%。巴西大豆

我们在巴西收大豆

全球视野，调剂余缺；供求平衡，互补双赢。

出口量增长较快，成为全球第一出口大国，出口量从 1546.9 万吨增至 8500 万吨，出口份额由 28.9% 增至 54.6%。阿根廷大豆出口量由 730.4 万吨增至 900 万吨，大豆出口份额不断下降，2019 年仅为 5.8%。2010 年以来，巴拉圭、乌拉圭、加拿大和乌克兰四国的大豆出口份额不断增加，增至 10% 左右。

我国和欧盟、墨西哥、埃及是世界大豆主要进口地，进口份额占世界市场的近 80%。20 世纪 90 年代以前，我国大豆产量和出口量曾位居世界前列。从 90 年代中后期起，城乡居民食物消费结构改变引致豆粕饲料与大豆油需求快速增长，同期国内大豆种植比较收益下降，播种面积减少，供需缺口不断加大，加之关税配额免除，大豆作为土地密集型产品的国际竞争力不断下降，我国从大豆净出口国转变成净进口国，进口量持续较快增长。2001—2019 年我国大豆进口量由 1394 万吨增加至 8851.1 万吨，出口量由 26.2 万吨降至 11.7 万吨，大豆进口占国内消费的 85% 以上。我国大豆进口主要集中在巴西、美国、阿根廷三个国家，2019 年这三国进口合计占大豆进口总量的 94.2%。

三、国际粮食贸易的不确定性

经过几十年发展变化，世界形成了相对稳定的粮食供求和贸易格局。但气候变化、生物质能源发展、国际投机资本炒作等非传统因素增加了粮食贸易的不确定性和风险。国际政治、突发事件导致粮食禁运和可获得性受到威胁。我国粮食进口来源和渠道集中程度较高，市场风险不断增加，粮食贸易具有典型的大国效应，未来大幅增加进口不仅不现实也没有可能性。

近年来随着全球气候变暖，气候变化引起全球水、热等资源要素时空分布格局的改变，同时导致干旱、洪涝灾害、低温雨雪等极端天气的增加，甚至改变病虫害的发生模式，增加了粮食生产的波动性。在能源紧缺、油价高位运行的背景下，全球利用粮食转化生物能源的趋势加快，根据联合国粮农组织统计数据，2002—2018 年燃料乙醇消耗的玉米从 4％上涨至 15.8％，能源与食品争粮的矛盾突出，将对全球粮食供给产生新的挑战。目前，世界粮食交易范围已从局部、区域性市场扩展为全球市场。投机资本也越来越多地进入粮食期货和现货市场，导致粮食价格短期内偏离供求，出现不合理的上涨和下跌，增加了粮食市场的不确定性、波动性和风险性，同时向农业生产者传递出错误的市场信号，容易造成市场扭曲和降低资源配置效率。由于政府干预和全球跨国公司寡头垄断等的存在，在国际政治变化、突发公共卫生事件爆发等特殊敏感时期，各国对待粮食贸易的态度日益谨慎，贸易保护主义抬头。粮食进口可获得性、进口成本以及其他不确定性风险问题日益凸显。2020 年全球新冠肺炎疫情蔓延以来，国际粮食市场出现明显波动，加之蝗灾、极端天气等因素影响，世界粮食安全的风险和不确定性大大增强。

现阶段，我国利用国内国际两个市场两种资源的能力不断增强，但不可回避的是我国尚未建立持续稳定的全球农产品供应网络，粮食进口产品、进口来源地、进口通道较为集中。我国大豆的对外依存度较高，进口来源 90% 以上集中在巴西、美国、阿根廷三个国家，进口运输主要依赖海运，进口贸易被"四大粮商"等大型跨国公司垄断。这种高度集中的产品结构和贸易方式使得我国大豆进口在价格和渠道等方面均容易受制于人。作为粮食消费大国，我国的粮食消费量远高于国际粮食贸易量，即便买空全球也无法满足国内需求。我们既要看到利用国际市场进行品种调剂与余缺调剂的潜力与空间，也要充分估计国际市场存在的各种风险与不确定性。

第四节　粮食消费需求的未来走势

我国粮食供求紧平衡的基本态势，一方面是受制于粮食供给状况的影响，另一方面是受制于粮食需求变化的影响。我国巨量且仍持续增长的粮食消费需求，可以说是粮食供求紧平衡的基本面或主导方，在很大程度上决定了粮食供求紧平衡的常态化与长期性。本节的重点是分析今后我国粮食消费需求变化的趋势与特点，以及通过粮食产后损失与浪费的分析呈现节约粮食、反对浪费的必要性与紧迫性。

一、粮食消费需求刚性增长

民以食为天，居民个人的营养健康安全需要粮食安全来保障，人口数量增加势必会引起相应的粮食消费需求增长。从 1978 到 2018 年，我国总人口数量从 9.63 亿人增加到 13.95 亿人，在 40 年里增加了 4.33 亿人，年均增加 1082 万人。进入 21 世纪后，我国的人口增长速度有所放缓，特别是 2012 年以来，总人口数量从 2012 年的 13.54 亿人增加到 2018 年的 13.95 亿人，6 年间增加 4134 万人，年均增加 689 万人。尽管我国人口数量增速放缓，但拐点还

餐桌上的一盘棋
一张百姓餐桌，一盘民生大棋。

没有到来，据国务院 2016 年 12 月 30 日发布的《国家人口发展规划（2016—2030 年）》，总和生育率逐步提升并稳定在适度水平，2020 年全国总人口预计在 14.2 亿人左右，到 2030 年前后达到峰值，在 14.5 亿人左右，此后可能持续下降。因此，人口数量增加推动粮食消费需求增长仍将持续一段时期，人口对粮食供给的压力持续存在。

专栏 3-1 我国人口预期发展目标

根据《国家人口发展规划（2016—2030 年）》，到 2020 年，全面两孩政策效应充分发挥，生育水平适度提高，人口素质不断改善，结构逐步优化，分布更加合理。到 2030 年，人口自身均衡发展的态势基本形成，人口与经济社会、资源环境的协调程度进一步提高。

人口预期发展目标

领　域	主要指标	单位	2015 年	2020 年	2030 年
人口总量	全国总人口	亿人	13.75	14.2	14.5
	总和生育率		1.5—1.6	1.8	1.8
人口结构	出生人口性别比		113.5	≤ 112	107
人口素质	人均预期寿命	岁	76.3	77.3	79
	劳动年龄人口平均受教育年限	年	10.23	10.8	11.8
人口分布	常住人口城镇化率	%	56.1	60	70

随着城乡居民人均可支配收入的持续增加，居民的生活水平不断提高，其膳食结构也在不断变化，逐渐从温饱型转向小康型。具体来说，城乡居民对肉、蛋、奶等动物性食物消费比重是逐步提高的，替代了部分直接粮食消费，使口粮消费比重逐渐下降。肉、蛋、奶等动物性食品和以粮食作为原料制成的快餐、糖果等间接性食物的需求增加，这又引致了饲料用粮和工业用粮增加，种子用粮也随着适应科学实验和良种推广的需要而增加。

国务院办公厅发布的《中国食物与营养发展纲要（2014—2020年）》绘制了我国到 2020 年居民食物与营养发展的蓝图：食物消费量目标是到 2020 年全国人均全年口粮消费 135 公斤、食用植物油12 公斤、豆类 13 公斤、肉类 29 公斤、蛋类 16 公斤、奶类 36 公斤、水产品 18 公斤、蔬菜 140 公斤、水果 60 公斤；营养素摄入量目标是到 2020 年全国人均每日摄入能量 2200—2300 千卡，其中，谷类食物供能比不低于 50%，脂肪供能比不高于 30%，人均每日蛋白质摄入量 78 克，维生素和矿物质等微量营养素摄入量基本达到居民健康需求。从能量转换的角度看，肉、蛋、奶、水产品等食物的生产都要一定量的原粮去生产获得。从未来的发展趋势看，我国居民的膳食消费结构转型仍将持续，口粮消费还会趋于下降，而饲料用粮与工业用粮相应增加，粮食总需求的增长势头尚未扭转。

人口从农民转为市民的城镇化浪潮仍在继续，近年来我国城镇化率逐年提高，从 1978 年的 17.92% 提高到 2018 年的 59.58%，大量农村人口进入城镇成为了"离农"的消费群体。这无疑也会推动粮食消费总需求增长，因为城镇居民的人均粮食（原粮）消费量虽然显著低于农村居民，但他们的肉类、禽类、水产品、蛋类、奶类等食品的人均消费量都显著高于农村居民。随着农民进城务工，他们中的大多数人从农产品生产者转变为纯粹的消费者，农产品消费从"自给型"转变为"商品型"，从而大幅度增加了粮食等农产品消费的商品量。

据《国家人口发展规划（2016—2030 年)》预计，2016—2030年农村向城镇累计转移人口约 2 亿人，转移势头有所减弱，城镇化水平持续提高，到 2030 年常住人口城镇化率达到 70%。农民进城后，他们的生活方式包括膳食结构会慢慢接近城镇居民，这将进一步降低口粮的人均消费需求，推动肉制品、奶制品等食物的消费增长，而未来养殖业规模化程度的提高还可能使得单位肉、蛋、奶、水产品的耗粮有所增加，助推粮食消费总需求增长。

二、粮食需求优质化多样化

粮食消费主要是和收入有关，在人们的收入水平不高的情形下，"吃得饱"是当时人们的愿望。而当收入水平提高到一定程度后，人们的粮食消费理念不再是简单的"吃得饱"，而是吃得健康，从"吃得饱"转向"吃得好"，粮食消费追求高级化、优质化、多元化，这会推动粮食加工向更深层次的精细化发展，同时也会导致整体原粮消耗不断增加。在粮食育种技术没有取得突破性进展时，采取少肥少药的方式种植口感好、质量佳的粮食作物品种，可能与粮食单产提高的要求形成"两难选择"。现实中也出现这类案例，种植某些优质化的粮食作物，但该类作物的单产可能要比常规作物要低。居民消费观念转变带来的对优质、特色、高端粮食产品的需求将会对粮食产业持续健康发展提出新的挑战。

麦面"粮"缘

产业延伸，演绎麦面传奇。

在居民消费结构升级、绿色优质农产品供给不足的背景下，部分农产品结构性矛盾将日益凸显。目前，我国人均国内生产总值（GDP）已经突破了一万美元，已进入由中低收入国家向中高收入国家迈进的关键期，逐步向发展型、享受型消费转变，对绿色安全、有机高端、个性化与品牌化的农产品需求快速上升，大路货、低端消费的需求则明显下降。经过这几年的农业结构调整，我国农产品供给结构逐步调优，绿色优质农产品供给有所增加，但一般的低端产品供给仍然偏多，品质优良、特色鲜明、消费者青睐的绿色优质产品供给仍显不足，这种趋势会随着农民收入的提高而进一步加剧。优质、专用型的水稻与小麦品种可能会长期供不应求，需要通过进口调剂予以弥补。我国大豆自给率偏低的状况将会持续下去，大豆供给主要依靠国际市场和少数几个国家的格局在短期内难以改变。总之，绿色、安全、优质产品的消费需求将快速上升，但

国内供给明显不足，由此我国粮食供需的结构性矛盾也会加剧与增多。

三、粮食全产业链产后损耗

粮食产后损耗是全球难题，发达国家的粮食损耗率较低，其粮食损耗和浪费主要发生在零售和消费环节，发展中国家的粮食损耗普遍严重，主要是在收获后的处理和加工环节。有学者估算过全球每年损耗或浪费约 13 亿吨的食物，约占食物总量的 1/3，相当于每年 14 亿公顷耕地资源的投入和 2500 亿立方米水资源的消耗。降低粮食产后损耗，实际上是把"丢失"的粮食找回来增加粮食供给。

国内没有专门针对粮食产后损耗进行统计，但一些学者通过不同的测算方法对我国粮食产后损耗情况也进行过估算，大体上都在 10% 以上。我国粮食产后损耗的环节涉及收获、储存、运输、加工包装和消费等各个环节，尽管不同环节导致产后损失的原因不尽相同。例如收获环节可能因收获技术落后、收获不及时等导致损耗，储藏环节因受潮霉变、鼠虫危害等造成损耗，运输环节因反复包装、拆卸等导致损耗，加工环节则不同程度存在过度加工导致的隐性损耗。

"谁知盘中餐，粒粒皆辛苦。"珍惜粮食自古以来就是中华民族的传统美德。不管是家庭用餐还是外出就餐，节约粮食和拒绝浪费都应是每一个国民的义务。随着生活水平的提高，我国城乡居民外出就餐的比例越来越高，外出就餐频率和消费量

天地"粮"心
减少粮食损失，杜绝粮食浪费。

也在持续提高。但是，居民外出就餐的餐饮食物浪费问题也愈发突显，并且有愈演愈烈之势。习近平总书记一直高度重视粮食安全和提倡"厉行节约、反对浪费"的社会风尚，多次强调要制止餐饮浪费行为。2013 年 1 月，习近平总书记曾作出重要指示，要求厉行节约、反对浪费。党的十八大以来，各地普遍开展"光盘行动"，大力整治食物浪费之风，"舌尖上的浪费"现象有所改观。

遏制餐饮浪费，依然任重道远。我国人口基数大，每人浪费一点点，看似不起眼，但汇聚起来就是惊人的数量。一些地方的餐饮浪费现象仍然存在。据世界自然基金会（WWF）与中国科学院地理科学与资源研究所联合发布的《2018 中国城市餐饮食物浪费报告》，北京、上海、成都和拉萨四个代表性城市 366 家餐馆的实地调研结果表明，餐饮业人均食物浪费量为 93 克 / 人 / 餐，浪费率为 11.7%；据此测算，2015 年我国城市餐饮业仅餐桌上食物浪费量在 1700 至 1800 万吨，相当于 3000 万至 5000 万人一年的食物量。大型餐馆、游客群体、商务聚餐等更是成为了餐饮食物浪费的"重灾区"。

2020 年 8 月，习近平总书记对制止餐饮浪费行为再次作出重要指示："要加强立法，强化监管，采取有效措施，建立长效机制，坚决制止餐饮浪费行为。"[①] 可以说，餐饮浪费已成为当前社会的一大公害，必须引起全社会的高度重视，既要看到其触目惊心与令人痛心的一面，花大力气改变各种不良消费习惯和遏制餐饮浪费行为；也要将其纳入国家粮食安全保障的内容，构建文明消费与合理

---

① 《坚决贯彻落实习近平总书记重要指示精神，各地各部门实施更有力的举措，杜绝"舌尖上的浪费"——建立长效机制，坚决制止餐饮浪费行为》，《人民日报》2020 年 8 月 13 日。

消费的长效机制。

本章结语

　　紧平衡是今后相当长时期我国粮食供求的基本态势与格局。这要求我们：一方面充分认识到我国粮食消费需求仍处在上升期，其"高峰值"尚未到来，不仅需求数量继续增长而且需求的优质与多元化要求也在不断提高；另一方面充分估计到增加国内粮食供给的压力与难度，不仅要努力克服资源环境的"硬制约"，而且要不断增强政策引导、科技助推、投入优化等方面的"软实力"。利用国际资源与市场调节国内供求是紧平衡的态势下缓解我国粮食供求矛盾的必要手段，我们既要看到其有助于品种调剂与余缺调剂的一面，也要看到其存在诸多风险与不确定性的一面。我国粮食供求的紧平衡态势，有其必然性，也有其必要性。粮食供给偏紧，一方面会给农业结构调整留下一定的空间，有利于促进其他农作物的发展，更好地满足消费者日趋多元且优质的农产品需求；另一方面有利于市场粮价保持在合理水平，保护和调动生产者的种粮积极性。在粮食供求的动态偏紧平衡中守住底线和适度进口，是我们今后必须面对的现实选择与理性选择，唯有不懈奋斗和努力前行。

第四章
立足国内确保粮食安全

―――――――● 本章提要 ●―――――――

　　确保国家粮食安全，关键是做好自己的事，不仅任何时候都不能放松以我为主、立足国内这根弦，而且任何时候也都不能把希望寄托在别人的身上。在新国家粮食安全观的引领下，深入贯彻落实国家粮食安全战略，守住"谷物基本自给、口粮绝对安全"这一战略底线，既是我们所处时代的使命担当，也是我们应对风险挑战的从容底气。本章重点是结合国家的战略安排与部署，阐述与诠释立足国内确保国家粮食安全的基本思路与路径选择。一是落实藏粮于地战略，夯实粮食生产物质基础；二是落实藏粮于技战略，强化粮食安全科技支撑；三是深入推进粮食产业化经营，努力做大做强粮食产业；四是加大粮食产业政策扶持，加强改进粮食宏观调控。

"最重要的还是做好我们自己的事情。"① 这是近年来习近平总书记多次强调的重要思想。确保国家粮食安全，把中国人的饭碗牢牢端在自己手中，最核心与最关键的就是做好我们自己的事情，就是要在新国家粮食安全观的理念引领下，深入贯彻落实国家粮食安全战略，牢牢地守住"谷物基本自给、口粮绝对安全"的战略底线，始终坚定不移地加强粮食综合生

藏粮于地
土地是粮食生产的命根子，土地是粮食安全的生命线。

产能力的保护与建设，始终持续不断地提升国家粮食安全的能力与水平，始终踏踏实实地沿着中国特色粮食安全道路不懈前行。本章将围绕立足国内确保粮食安全这个主题，从夯实粮食生产物质基础、强化粮食安全科技支撑、努力做大做强粮食产业和加强改进粮食宏观调控等四个方面阐述确保我国粮食安全的基本思路与路径选择。

第一节　夯实粮食生产物质基础

在粮食供求紧平衡的基本态势下，稳定发展粮食生产是保障我国粮食供给的重中之重，是确保谷物基本自给、口粮绝对安全的根本性举措。巧妇难为无米之炊，粮食是在土地里生长出来的，离开土地等资源要素这个物质基础，是不可能生长出来粮食的。因此，只有不断夯实我国粮食生产物质基础，我们才有可能真正做到手中

---

① 《习近平谈治国理政》第三卷，外文出版社 2020 年版，第 77 页。

有粮、心里不慌。本节重点围绕贯彻落实藏粮于地战略，阐述守住18亿亩耕地红线、建设高标准农田和粮食生产功能区的重要性与大思路。

一、严守粮食生产的耕地红线

耕地是我国最为宝贵的资源，是粮食生产的命根子。我国人多地少的基本国情，决定了我们必须把关系十几亿人吃饭大事的耕地保护好，绝不能有闪失。十分珍惜和合理利用每寸土地，切实保护耕地，是我国必须长期坚持的一项基本国策。进入21世纪，我国耕地资源保护的力度持续加大。2003年党的十六届三中全会明确提出：实行最严格的耕地保护制度，保证国家粮食安全。在《全国土地利用总体规划纲要（2006—2020年)》中明确土地利用的目标：守住18亿亩耕地红线，全国耕地保有量到2010年和2020年分别保持在18.18亿亩和18.05亿亩；确保15.6亿亩基本农田数量不减少、质量不降低。2008年党的十七届三中全会提出：坚持最严格的耕地保护制度，层层落实责任，坚决守住18亿亩耕地红线。划定永久基本农田，建立保护补偿机制，确保基本农田总量不减少、用途不改变、质量有提高。2012年党的十八大以来，习近平总书记不仅多次强调保护耕地的重要性，要求耕地红线要严防死守，而且提出要像保护大熊猫一样保护耕地，甚至把东北的黑土地比作"耕地中的大熊猫"[1]。这也就意味着：18亿亩的耕地红线绝不是一件可有可无的事

---

[1] 《充满希望的田野　大有可为的热土——习近平总书记考察吉林纪实》，《人民日报》2020年7月26日。

情，也不是一个要权衡守得住与守不住的问题，而是一个需要不折不扣贯彻落实的理性选择，也是一种立足国内放眼世界谋划国家粮食安全的战略思维。这里面不仅有经济方面的考量，也有政治方面的考量；不仅考虑了国内因素，也兼顾了国际因素。因此，守住粮食生产的耕地红线可以说是一个关系国计民生的大是大非问题。

守住粮食生产的耕地红线，核心是深入实施藏粮于地的战略，把中央关于保护耕地的一系列重大安排和部署落到实处。在《乡村振兴战略规划（2018—2022年）》中明确：严守耕地红线，全面落实永久基本农田特殊保护制度，完成永久基本农田控制线划定工作，确保到2020年永久基本农田保护面积不低于15.46亿亩。全国的永久基本农田划定工作虽然已经完成，并纳入各级土地利用总体规划，实现了上图入库、落实到地，但是，也必须看到：随着我国经济转向高质量发展阶段，新型工业化、城镇化建设的深入推进，农业供给侧结构性改革的逐步深入，对守住耕地红线和永久基本农田控制线提出了更高要求。因此，在守住18亿亩红线与15.46亿亩控制线的问题上，并不是任务已经完成了，今后守住这两条线面临的只会是任务更艰巨、形势更严峻和难度进一步加大。可以说，守住这两条线只是确保国家粮食安全的重要前提，只是我国粮食生产持续稳定发展的基本保障。因为数量与质量是保护耕地的一体两面，今后我国的粮食生产发展更需要在确保耕地数量的前提下不断改善和提高耕地的质量。

二、持续加强高标准农田建设

高标准农田，是指土地平整、土壤肥沃、集中连片、设施完善、农电配套、生态良好、抗灾能力强，与现代农业生产和经营方式相适应的旱涝保收、持续高产稳产的农田。在 2013 年编制的《全国高标准农田建设总体规划》中明确：建设高标准农田是提高农业综合生产能力，保障国家粮食安全的必然要求；是发展现代农业，提升农业科技应用水平的基本前提；是促进农业可持续发展，推进生态文明建设的现实选择；是提高农业比较效益，促进农民增收的有效手段。到 2020 年，建成集中连片、旱涝保收的高标准农田 8 亿亩，亩均粮食综合生产能力提高 100 公斤以上。建成的高标准农田集中连片、田块平整，配套水、电、路设施完善，耕地质量和地力等级提高，科技服务能力得到加强，生态修复能力得到提升。建设内容包括整治田块、改良土壤、建设排灌设施、整修田间道路、完善农田防护与生态环境保持体系、配套农田输配电设施、加强农业科技服务和强化后续管护等八个方面。截至 2018 年年底，全国累计建成高标准农田 6.4 亿亩；2019 年又新建成高标准农田 8150 万亩，预计 2020 年将如期实现 8 亿亩高标准农田的建设目标。

《乡村振兴战略规划（2018—2022 年）》明确对高标准农田建设的目标要求是：大规模推进高标准农田建设，确保到 2022 年建成 10 亿亩高标准农田，所有高标准农田实现统一上图入库，形成完善的管护监督和考核机制。2019 年 11 月，国务院办公厅印发了《关于切实加强高标准农田建设提升国家粮食安全保障能力的意见》。在《意见》中进一步明确：确保重要农产品特别是粮食供给，是实施乡村振兴战略的首要任务。建设高标准农田，是巩固和提高粮食生产能力、保障国家粮食安全的关键举措。《意见》提出的高标准农田建设要坚持四条基本原则：（1）夯实基础，确保产能。突出粮食和重要农产品优势区，着力完善农田基础设施，提升耕地质量，持续改善农业生产条件，稳步提高粮食生产能力，确保谷物基本自给、口粮绝对安全。（2）因地制宜，综合治理。严守生态保护红线，依据自然资源禀赋和国土空间、水资源利用等规划，根据各地农业生产特征，科学确定高标准农田建设布局、标准和内容，推进田水林路电综合配套。（3）依法严管，良田粮用。稳定农村土地承包关系，强化用途管控，实行最严格的保护措施，完善管护机制，确保长期发挥效益。建立健全激励和约束机制，支持高标准农田主要用于粮食生产。（4）政府主导，多元参与。切实落实地方政府责任，持续加大资金投入，积极引导社会力量开展农田建设。鼓励农民和农村集体经济组织自主筹资投劳，参与农田建设和运营管理。《意见》还明确了三个阶段的高标准农田建设的目标任务：到2020年，全国建成 8 亿亩集中连片、旱涝保收、节水高效、稳产高产、生态友好的高标准农田；到 2022 年，建成 10 亿亩高标准农田，以此稳定保障 1 万亿斤以上粮食产能；到 2035 年，通过持续改造提升，全国高标准农田保有量进一步提高，不断夯实国家粮食安全保障基础。此外，《意见》从统一规划布局、统一建设标准、统一组织实施、统一验收考核、统一上图入库五个方面要求构建集中统一高效的管理新体制，从加强财政投入保障、创新投融资模式、完善新增耕地指标调剂收益使用机制、加强示范引领、健全工程管护机制五个方面要求强化资金投入和机制创新。

　　如此深入细致和系统全面的谋划与部署，足见高标准农田建设乃是今后我国农业特别是粮食生产持续稳定发展的战略举措与重要抓手，足见守护好耕地特别是永久性基本农田对我国确保国家粮食安全的重大意义与长远影响。对此，我们既要坚定立足国内确保国家粮食安全的必胜信心，也要勇于全面加强守住耕地数量和提升耕地质量的时代担当，以高标准农田建设的稳步推进来展现我国粮食产业发展的牢固根基。

三、扎实建设粮食生产功能区

粮食生产功能区建设，最初是浙江省于 2010 年提出并组织实施的，目的是在浙江这样的粮食主销区，要划定 800 万亩耕地，建设并固定其粮食生产功能，以保障一定的粮食自给率。从浙江的实践看，这种思路与做法是可靠可行的。国家层面的建设粮食生产主体功能区有一个从探索思考到基本成熟和工作部署的过程。2015 年的中央一号文件就提出要"探索建立粮食生产功能区，将口粮生产能力落实到田块地头、保障措施落实到具体项目"，党的十八届五中全会通过的"十三五"规划建议再次明确"探索建立粮食生产功能区和重要农产品生产保护区"，这一阶段的主要工作是探索和研究。2016 年的中央一号文件要求"制定划定粮食生产功能区和大豆、棉花、油料、糖料蔗等重要农产品生产保护区的指导意见"，2016 年第十二届全国人民代表大会第四次会议审议通过的"十三五"规划纲要进一步明确"建立粮食生产功能区和重要农产品生产保护区，确保稻谷、小麦等口粮种植面积基本稳定"，这一阶段主要是研究制定国家层面的政策制度来规范建立"两区"。在此基础上，2017 年中央一号文件提出，科学合理划定稻谷、小麦、玉米粮食生产功能区和大豆、棉花、油菜籽、糖料蔗、天然橡胶等重要农产品生产保护区，要求落实政策来划定建立"两区"。可以说，建设粮食生产功能区和重要农产品生产保护区是巩固与提升我国粮食和重要农产品供给保障能力的重大战略性举措，是从我国实际出发确保国家粮食安全的一项非常重要的制度性安排。

2017年3月，国务院出台了《关于建立粮食生产功能区和重要农产品生产保护区的指导意见》，对"两区"建设作出了全面的安排部署。《意见》中明确要求：以确保国家粮食安全和保障重要农产品有效供给为目标，以深入推进农业供给侧结构性改革为主线，以主体功能区规划和优势农产品区域布局为依托，以永久基本农田为基础，将"两区"落实到具体地块，优化区域布局和要素组合，促进农业结构调整，提升农产品质量效益和市场竞争力，为推进农业现代化建设、全面建成小康社会奠定坚实基础。《意见》提出的主要目标是：力争用3年时间完成10.58亿亩"两区"地块的划定任务，做到全部建档立卡、上图入库，实现信息化和精准化管理；力争用5年时间基本完成"两区"建设任务，形成布局合理、数量充足、设施完善、产能提升、管护到位、生产现代化的"两区"，国家粮食安全的基础更加稳固，重要农产品自给水平保持稳定，农业产业安全显著增强。

《意见》中明确要划定的粮食生产功能区和重要农产品生产保护区面积分别为9亿亩和2.38亿亩（其中与粮食生产功能区重叠的有8000万亩）。9亿亩粮食生产功能区所对应的区域和粮食作物是：以东北平原、长江流域、东南沿海优势区为重点，划定水稻生产功能区3.4亿亩；以黄淮海地区、长江中下游、西北及西南优势区为重点，划定小麦生产功能区3.2亿亩（含水稻和小麦复种区6000万亩）；以松嫩平原、三江平原、辽河平原、黄淮海地区以及汾河和渭河流域等优势区为重点，划定玉米生产功能区4.5亿亩（含小麦和玉米复种区1.5亿亩）。在2.38亿亩重要农产品生产保护区中，以东北地区为重点，黄淮海地区为补充，划定大豆生产保护区

1亿亩（含小麦和大豆复种区2000万亩）。

"两区"的具体区域和面积数字主要是从贯彻落实国家粮食安全战略和保障重要农产品供给这个大局出发，结合供需形势预判和生产形势分析确定的。按照新时期国家粮食安全战略，以稻麦两大口粮自给率100%和玉米、水稻、小麦三大谷物自给率保持在95%左右为目标，划定水稻和小麦生产功能区的面积占现有稻麦用地面积的83%，可以保障95%的口粮生产；划定水稻、小麦和玉米生产功能区的面积占现有三大谷物用地面积的80%，可以保障90%以上的谷物自给率。加上"两区"之外的产能，"口粮绝对安全、谷物基本自给"的底线目标可以有充分的保障。此外，按照发挥比较优势、优化种植结构、稳定农民收益的思路划定1亿亩的大豆生产保护区，也能够确保现有大豆的供给水平不降低。经过三年的努力，"两区"划定工作在2019年已经完成，当前和今后的工作重点是把"两区"建设好，使"两区"在确保国家粮食安全和保障重要农产品有效供给方面发挥应有作用。

第二节　强化粮食安全科技支撑

科技支撑是新时期国家粮食安全战略的战略支点，强化粮食安全的科技支撑，就是要在推进国家粮食安全战略的过程中把科技进步与创新贯穿于粮食产业发展的全过程，不断提高粮食产业的科技含量，瞄准保量提质增效的基本方向推动粮食产业的持续稳定发展。本节将重点围绕贯彻落实藏粮于技战略，从增强科技创新能力、健全科技服务体系和提升科技运用水平三个方面阐述强化粮食安全科技支撑的主攻方向与着力点。

一、增强粮食产业科技创新能力

仅从粮食生产环节看，我国粮食产业对农业科技进步的需求，并不仅是提高粮食单产水平，还包括产品质量的提升、生产条件的改善以及资源环境的可持续。同样，在粮食的流通、储运、加工以及消费环节也存在着大量且日益提高的科技进步需求。可以说，科技进步是覆盖整个粮食产业链的。因此，强化粮食安全科技支撑的核心就是要全面提高整个粮食产业链的科技进步水平与科技创新能力。

藏粮于技
为粮食丰产赋能，为粮食安全助力。

关于促进粮食产业的科技进步与创新，无论是在《乡村振兴战略规划（2018—2022 年）》中，还是在《关于切实加强高标准农田建设提升国家粮食安全保障能力的意见》《关于建立粮食生产功能区和重要农产品生产保护区的指导意见》等文件中，都有具体明确的要求与部署。在《乡村振兴战略规划（2018—2022 年）》中明确：培育符合现代农业发展要求的创新主体，建立健全各类创新主体协调互动和创新要素高效配置的国家农业科技创新体系。强化农业基础研究，实现前瞻性基础研究和原创性重大成果突破。加强种业创新、现代食品、农机装备、农业污染防治、农村环境整治等方面的科研工作。深化农业科技体制改革，改进科研项目评审、人才评价和机构评估工作，建立差别化评价制度。深入实施现代种业提升工程，开展良

种重大科研联合攻关，培育具有国际竞争力的种业龙头企业，推动建设种业科技强国。这五个方面既是对提升农业科技创新水平的要求，也覆盖了对促进粮食产业科技进步的要求。在《关于切实加强高标准农田建设提升国家粮食安全保障能力的意见》和《关于建立粮食生产功能区和重要农产品生产保护区的指导意见》中，不仅强调了藏粮于地，也明确了藏粮于技的安排。如在前一个《意见》中要求：围绕农田建设关键技术问题，开展科学研究，组织科技攻关。大力引进高标准农田建设先进技术，加强工程建设与农机农艺技术的集成和应用，推动科技创新与成果转化。

此外，发展改革委、粮食和储备局、科技部在 2018 年出台的《关于"科技兴粮"的实施意见》中重点对粮食流通、储运和加工等环节以及到 2022 年的科技创新作出安排部署。《实施意见》中明确提出科技创新的"五个推进"要求：推进安全、绿色、智能、精细仓储科技创新，实施"现代粮仓"创新行动；推进粮油适度加工技术和深加工技术与产品创新，促进先进粮油加工技术产业化；推进先进装备原始创新和集成创新，实现粮食装备制造突破；推进高效物流科技创新，促进粮食物流现代化；推进优质粮食质量和安全科技创新，为健康消费提供科技支撑。

二、健全粮食产业科技服务体系

农业科技服务作为联系科技成果和农业生产的"桥梁"，是强化国家粮食安全科技支撑的重要组成部分。尽管我国基本形成了以国家农技推广机构为主体、科研单位和大专院校广泛参与的农业科技成果推广体系，但也存在诸如服务机制不健全、服务方式不完善、成果推广渠道不畅、服务质量不高和专业队伍不稳定等问题。面对国家粮食安全的新形势新任务新要求，需要从全局高度谋划农业科技服务体系建设，促进农业科技创新成果尽快转化为现实的生产力。

一是加快构建农业科技推广体系。深化农业科研院所改革，探索建立科技创新激励机制，鼓励农业科研单位、大专院校参与农业科技研发和推广，充分发挥其在农业科研和推广中的作用。鼓励有条件的地方积极探索创新管理体制，加强县级农业部门对乡镇农技推广机构的管理与指导，发挥县乡农业技术推广机构的功能作用。积极探索公益性农业技术推广机构与新型农业经营主体合作新模式，鼓励农业企业参与建立新型农业社会化服务机构，引导和鼓励涉农企业、农民专业合作经济组织开展农业技术创新和推广活动。深入实施科技入户工程，加大重大技术推广支持力度，不断探索农业科技成果进村入户的有效机制和办法。加快发展农村职业教育，完善农民科技培训体系，调动农民学科学、用科技的积极性。

二是加强粮食科技服务平台建设。建立健全粮食科技成果转化交易和信息服务平台，定期发布粮食科技成果，健全成果交易推广机制，促进粮食科技成果、科技人才、科研机构等与企业有效对接，推动科技成果有效落地。增加财政购买农业科技成果的支持，农业技术推广部门通过政府购买服务方式到交易平台选购适合本地适用的科技成果并进行推广运用。充分发挥农业科研单位和大专院校、高新技术园区的成果推广示范作用，建立健全科研与生产的协作关系，提升科技成果的应用水平。加大

科技推广先锋队
零距离解决大问题，打通助农最后一公里。

粮食科技成果集成示范基地、科技协同创新共同体和技术创新联盟的建设力度，推进科技资源开放共享。

三是稳定农业科技服务专业队伍。鼓励支持城市人力资源和科技人才下乡投身农业科技服务，壮大农业科技服务队伍。加快农业科技人才队伍培养，依托农业科技创新联盟建设项目和科技特派员制度，继续稳定扶持现代农业产业技术体系和共性关键技术创新团队专家队伍，培育壮大农业科技创新团队领军人才和创新创业人才。优化科技服务和人才评价激励机制，农业科技服务人员在职称评定晋升与科技服务、农民增收挂钩。鼓励龙头企业、专业合作社等新型主体技术人员参与农业科技推广，降低农业科技推广应用的社会成本。健全农业人才培养政策和培育工程，吸纳一批涉农高校毕业生充实到乡镇从事农业农村科技工作，加快培养一批精技术、善经营、会创业的农业技术推广人才。

三、提升粮食产业科技运用水平

科技成果只有在生产实践中得到推广应用，才能真正转化为现实的生产力。强化国家粮食安全科技支撑的最终表现是科技成果在粮食产业发展中的具体应用。为此，要强化问题导向、目标导向和需求导向，面向粮食产业的各个环节推广使用先进适用技术，提升粮食整个产业链的科技含量。

一是完善现代农业产业技术体系。强化需求导向，围绕产业链完善创新链，推进水稻、玉米、小麦、大豆等粮食产业的现代农业产业技术体系与龙头企业对接，在科研选题、组织攻关、成果转移转化等方面，发挥龙头企业的主导作用，促进科技与产业深度融合、一体化发展，变"研学产"为"产学研"。紧紧围绕农业农村高质量发展的新需求与新要求，优化体系结构，强化质量控制、废弃物利用、加工增值等环节的技术力量布局，着力解决粮食产业关键环节的重大技术瓶颈。按照增产增效并重、良种良法配套、农机农艺结合、生产生态协调的原则，促进农业技术集成化、劳动过程机械化、生产经营信息化、安全环保法治化，加快构建适应高产、优质、高效、生态、安全的现代农业发展要求的技术体系。

二是推进国家农业科技创新联盟建设。充分发挥联盟上中下游"一条龙"、多学科集成"一体化"、共建共享"一盘棋"的平台经济效应，着力构建产学研用紧密结合、上中下游有机衔接的协同协作机制，搭建集中力量办大事、办难事的创新平台。推动优势科研单位与企业深度融合，组建分子育种、智能装备等一批实体化运行的科企协作联合体，推动联盟内部协同攻关，实现研发一体化、转化一体化、示范一体化，推动联盟构建基础性公共服务平台，大幅提高数据、种质、仪器设备等科技资源的共建共享共用水平。

三是推动建设现代农业产业科技创新中心。以科技创新为基础、产业化为方向，通过集聚创新要素、集成关键技术、集中关联企业、集群优势产业，推进科技和产业融合、科技和企业融合、科技和人才融合、科技和金融融合，搭建"政产学研金用"一体化平台。把现代农业产业科技创新中心建设成为具有国际影响力、平台吸引力、创新竞争力的新高地、大平台、好载体，培养带动一批有影响的创新人才和团队，培育壮大一批有实力的农业科技型企业。

四是建设一批农业绿色提质增效技术集成示范区。坚持需求导向和问题导向，加快科技成果集成熟化、转化应用和示范推广。在重要农产品主产区，围绕粮食等重要农产品有效供给，开展绿色提质增效技术模式集成与示范推广。在特色优势农产品产区，围绕推动传统产业转型升级，重点开展特色优势产业的绿色提质增效技术模式集成与示范推广。在典型生态区，围绕农业可持续发展和创新农林文旅深度融合，开展农业绿色持续发展技术模式集成与示范推广。

五是打造一批乡村振兴的科技引领示范村（镇）。综合考虑不同区域资源环境承载力、生态类型和农业发展基础条件，探索农业生产与资源环境保护协调发展的有效途径，治理当前农业农村环境突出问题，形成可复制可推广的科技引领乡村振兴样板。示范村（镇）重点围绕做强区域主导产业、资源环境修复保育和推进第一二三产业的融合发展，突出科技的引领示范作用，促进农业产业化发展和产业集群的形成。

总之，强化国家粮食安全的科技支撑，就是要紧紧依靠科技进步的力量，保护和提高粮食综合生产能力，稳步提升粮食的单产和总产水平。今后，我们既要强化农业基础研究，全面升级节水灌溉、农机装备、农药研制、肥料开发、加工储运等应用技术；也要加大种业科技创新，突破种质创新、新品种选育、高效繁育和加工流通等核心技术；还要强化技术集成创新，攻克影响作物单产提高、品质提升、效益增加、环境改善的技术瓶颈。此外，要加快提升农业机械化水平和促进农机装备产业转型升级，不断推进农机农艺结合，提高粮食生产效率与效

粮食安全的护卫舰
植保新技术为粮食生产保驾护航。

益。同时，要切实加大在科学储粮、节粮减损、现代物流、质量
安全、检验检疫、精深加工、健康消费、"智慧粮食"等方面的共
性关键核心技术的研发创新力度，努力在新产品与新装备方面取
得突破性成果，全面提升我国粮食产业的科技含量。

第三节　努力做大做强粮食产业

当今时代的农业竞争，已经远不是单个生产经营主体或具体某
个产品之间的竞争，而是越来越多地转向整个产业链或产业体系之
间的竞争。因此，确保国家粮食安全的根本途径就是做大做强我国
的粮食产业。2017 年 12 月 28 日，习近平总书记在中央农村工作
会议上指出，我国农业正处在转变发展方式、优化经济结构、转换
增长动力的攻关期，要坚持以农业供给侧结构性改革为主线，坚持
质量兴农、绿色兴农，加快推进农业由增产导向转向提质导向，加
快构建现代农业产业体系、生产体系、经营体系，不断提高我国农
业综合效益和竞争力，实现由农业大国向农业强国的转变。① 这同
样也是对我国粮食产业发展的要求，我们只有把粮食产业真正做大
做强，才能真正夯实国家粮食安全的战略根基。本节主要从转变农
业发展理念、培育新型经营主体、推进适度规模经营和促进产业转
型升级四个方面阐述加快转变我国粮食产业发展方式的基本思路与
对策选择。

---

① 《习近平关于"三农"工作论述摘编》，中央文献出版社 2019 年版，第
97 页。

一、用新发展理念引领粮食产业发展

习近平总书记在党的十八届五中全会上系统阐述的创新、协调、绿色、开放、共享"五大发展理念",不仅是我们党对发展规律认识的深化与升华,也是我们党治国理政思想理论的新飞跃。牢固树立和贯彻落实这五大发展理念,对于做好"三农"工作包括做大做强农业产业同样具有世界观和方法论的意义。具体来说,这涉及我们如何认识现代农业、如何认识农业,以及如何认识农产品等三个与农业发展理念有关的问题。

一是如何认识现代农业?简言之,现代农业是用当今时代先进的经营理念、物质装备、科学技术、管理手段等武装起来的农业,是能够引领世界农业发展潮流的农业,是富有生机活力和市场竞争力的农业。在很大程度上可将现代农业的本质特征概括为市场化和产业化。所谓市场化,意味着农业生产经营活动是以市场导向为引领的,生产出来的农产品是用来满足市场需求的,并且在农产品的市场交换过程中实现生产者与消费者的"双赢",也就是将农业生产经营活动纳入市场经济的运行轨道,发挥市场机制配置农业资源要素的功能作用,让富有创新精神的农业生产经营主体不断开拓农业产业发展新业态新空间。所谓产业化,意味着农业产业链条的延伸或拉长,进而内化生产经营主体的市场风险、深化产业链上的分工合作和拓展农产品的增值空间,也就是结合产业特性与产品特点,使产业链上相关的农业生产经营主体在专业化分工与合作原则下形成双赢乃至多赢的利益联结机制,提升农业整体素质、综合实力与市场竞争力,共同做大做强农业产业和培育优质农产品。如果再增加两条的话,就是数字化与可持续。前者主要是互联网、大数

据、物联网、云计算、人工智能等现代信息技术在农业领域（包括产业链的各个环节）中的运用，进而加快发展精准农业、智慧农业等新的农业产业形态。后者就是要坚持走资源节约、环境友好的可持续发展道路，以绿色发展理念推进农业高质量发展。

二是如何认识农业？农业是人类社会赖以生存的基本生活资料的来源，其与所谓的第二、第三产业的最大不同是：农业生产经营活动是自然再生产与经济再生产的统一，在农业生产经营活动中必须遵循动植物等生物的生长发育规律。目前的农业概念早已突破农业生产这一传统的农业观念，它是一个涵盖产中、产前和产后的产业链或产业体系，而生产只是其中的一个环节。比如农产品的质量安全问题，除与农业生产过程紧密相关外，既涉及到产前的生产投入品环节，还涉及产后的储运流通加工乃至消费等各个环节。此外，农业的多功能性即经济功能、生态功能、社会功能和文明传承功能，也是我们认识农业的一个好的视角。因此，当今时代一提到农业就应当是市场化的农业，就应当是产业化的农业，就应当是数字化的农业，就应当是可持续的农业，就应当是承载多功能的农业。只有从产业链和产业体系的角度认识农业，才是发展现代农业应有的农业观念。

三是如何认识农产品？种植业的粮棉油糖和果菜茶等是农产品，养殖业的肉禽蛋奶和水产品等是农产品，这些都没有问题。但农作物的秸秆等收获"果实"后的剩余物或残留物，以及养殖业在生产过程中产生的粪便等，究竟算不算是农产品，这样的问题在过去可能不会是个问题。可是，面对农民在田间地头焚烧秸秆和畜禽及水产品养殖业的粪便污染等令人头疼的问题，再将秸秆和粪便等种养业的所谓剩余物和残留物排除在农产品之外恐怕越来越说不过去了。对这些传统观念里的农产品之剩余物和残留物，关键是怎么看！如果认为它们有价值，就会开发利用起来；如果认为无价值，它们就是农业生产的废弃物。针对农作物秸秆的综合利用问题，农业部原常务副部长尹成杰 2012 年出了一本名为《捡回另一半农业》的书，明确提出"农作物秸秆是重要农产品"的理念。由此我们可以得出这样的认识：要化害为利，变弃为用，变废为宝，将各种农业资源充分利用起来，必须将作物秸秆和畜禽粪便等种养业的剩余物与残留物也视为农产品。

这样的视角也应当是我们认识和把握粮食产业持续健康发展的视角。只有观念的转变和理念的更新，才会拉长或延伸我国粮食产业的产业链条，才会拓展和丰富粮食产业的产业形态，才会挖掘和提升粮食产业的多种功能与诸多价值，进而在增加产品种类和提高产品质量中全面促进我国粮食产业加快转变发展方式和步入高质量发展的新阶段。

二、加快培育新型粮食生产经营主体

在坚持家庭承包经营基础上，培育从事农业生产和服务的新型农业经营主体是关系我国农业现代化的重大战略。继 2017 年中央办公厅和国务院办公厅印发《关于加快构建政策体系培育新型农业经营主体的意见》之后，2019 年中央办公厅和国务院办公厅又印发了《关于促进小农户和现代农业发展有机衔接的意见》。可以说，尽管两份文件的侧重点有所不同，但核心都是加快培育新型农业经营主体，加快形成以农户家庭经营为基础、合作与联合为纽带、社会化服务为支撑的立体式复合型现代农业经营体系，加快实现小农户与现代农业发展有机衔接，积极稳妥地推进多种形式的农业适度规模经营。这两个《意见》对我国粮食产业发展特别是加快培育新型粮食生产经营主体有着十分重要的指导意义。

前一个《意见》重在部署发挥政策对新型农业经营主体的引领作用。《关于加快构建政策体系培育新型农业经营主体的意见》从完善财政税收政策、加强基础设施建设、改善金融信贷服务、扩大保险支持范围、鼓励拓展营销市场和支持人才培养引进等六个方面安排部署建立健全支持新型农业经营主体发展的政策体系。如在完善财政税收政策方面强调，加大新型农业经营主体发展支持力度，针对不同主体，综合采用直接补贴、政府购买服务、定向委托、以奖代补等方式，增强补贴政策的针对性时效性；在加强基础设施建设方面强调，支持新型农业经营主体

引领小农生产 共赴现代农业
社会化服务带动千家万户，高质量发展保障粮食安全。

和工商资本投资土地整治和高标准农田建设，鼓励新型农业经营主体合建或与农村集体经济组织共建仓储烘干、晾晒场、保鲜库、农机库棚等农业设施；在改善金融信贷服务方面强调，建立健全全国农业信贷担保体系，确保对从事粮食生产和农业适度规模经营的新型农业经营主体的农业信贷担保余额不得低于总担保规模的 70%；在扩大保险支持范围方面强调，在粮食主产区开展适度规模经营农户大灾保险试点，调整部分财政资金予以支持，提高保险覆盖面和理赔标准；等等。这些政策措施对于引导扶持新型农业经营主体发展不仅有很强的针对性，而且有较高的"含金量"。

后一个《意见》重在谋划促进小农户与现代农业发展有机衔接。我国的基本国情农情是人多地少，"人均一亩三分地，户均不过十亩田"。从现阶段来看，以小农户为主的家庭经营是我国农业经营的主要形式，也是我国农业发展必须长期面对的现实。我国建设现代农业的前进方向和必由之路是发展多种形式适度规模经营，培育新型农业经营主体。但是，我们也要看到，小农户家庭经营是我国农业的基本面，在农业现代化过程中，一定要处理好培育新型农业经营主体和扶持小农户的关系，让党的农村政策阳光雨露惠及广大小农户。《关于促进小农户和现代农业发展有机衔接的意见》的总体要求是：坚持小农户家庭经营为基础与多种形式适度规模经营为引领相协调，坚持农业生产经营规模宜大则大、宜小则小，充分发挥小农户在乡村振兴中的作用，按照服务小农户、提高小农户、富裕小农户的要求，加快构建扶持小农户发展的政策体系，加强农业社会化服务，提高小农户生产经营能力，提升小农户组织化程度，改善小农户生产设施条件，拓宽小农户增收空间，维护小农户合法权益，促进传统小农户向现代小农户转变，让小农户共享改革发展成果，实现小农户与现代农业发展有机衔接，加快推进农业农村现代化。

培育新型农业经营主体，是发展规模经营的必然要求，但新型经营主体绝不意味着排斥小农户，我国的农业现代化离不开小农户，核心是将小农户融入到现代农业的产业链条之中，使其积极参与产业链上的分工合作。为此，建立健全面向小农户的社会化服务体系，既是发展多种形式的农业适度规模经营的必然选择和现实选择，也是培育新型农业经营主体不可或缺的重要内容。对此，在后一个《意见》中强调要从发展农业生产性服务业、加快推进农业生产托管服务、推进面向小农户产销服务、实施"互联网＋小农户"计划、提升小城镇服务小农户功能等五个方面健全面向小农户的社会化服务。应当说，这样的要求与部署对于发展多种形式粮食适度规模经营更具有针对性。我们只有把小农户融入到现代农业发展的产业链条之中，我国的粮食产业才有可能真正步入健康与可持续发展的坦途。这也是破解我国所面临的大国小农之难题与困扰的必由之路，而挤压甚至排斥小农户的所谓现代农业发展之路在我国是不可行的，也是注定走不通的。

三、发展多种形式粮食适度规模经营

农业规模经营不仅是现代农业的重要表现形式，更是农业市场化不断推进的必然结果。在实施乡村振兴战略的时代背景下，瞄准农业农村现代化，积极稳妥地推进我国包括粮食产业规模经营在内的农业规模经营，既是一个非常现实的实践课题，也是一个十分重大的理论问题；不仅关乎农业的持续健康发展，关乎农业供给侧结构性改革的顺利推进，更关乎如何实现小农户与现代农业发展的有机衔接。

农业规模经营的本质可概括为：在市场经济的条件下，通过引入和形成迂回的生产方式，应用先进技术与管理模式，集聚相关的生产要素，实现农业再生产各环节的有效分工网络与专业化生产经营，从而推动提高农业的劳动生产率、土地产出率和资源利用率。简单讲，农业规模经营是在专业化的分工与合作基础上的农业要素集聚。农业经营规模的大小根本上取决于生产经营主体在遵循自然规律与经济规律这两个规律基础上的要素整合能力。这样的农业规模经营概念就意味着：农业规模经营必须立足于当地的农情，顺应当时的农业生产力水平和生产关系状况，合理与优化配置农业生产要素，使农业生产要素的组合既在技术上具有可行性又在经济上具有合理性，进而促进农业提质增效、做优做强产品产业和增强产品产业的市场竞争力。

总体上看，目前我国农业规模经营的实践探索已不再局限于土地的规模经营，不仅传统的以土地集中为主的土地规模经营呈现出多种形式，而且越来越多地涌现出服务带动型、产业集聚型等新的农业规模经营形式。大体上可将各地涌现出来的成功模式归纳为以下五种类型：一是以促进地块整合为核心，典型案例如安徽省怀远县徐圩乡的"一户一块田"和湖北省沙洋县的按户连片耕种等；二是以促进土地经营权流转集中为核心，典型案例如上海市松江区的家庭农场和四川省崇州市的土地股份合作社等；三是以外包作业提供服务为核心，典型案例如陕西省省长

种粮新农人

新农人，新思维，新方式，新收获。

丰现代农业托管有限公司的公司化托管和山东省汶上县的供销社土地托管等；四是以促进产业集聚为核心，典型案例如四川省眉山市泡菜产业园为代表的现代农业产业园；五是复合型的规模经营模式，典型案例如江苏省射阳县的联耕联种等。这些从我国国情与农情出发的实践探索，不仅大大丰富了农业规模经营的内涵，而且有望走出一条中国特色的农业规模经营之路。

今后，推进我国包括粮食产业规模经营在内的农业规模经营，在路径选择上重点应是在以下七个方面下功夫：

一是围绕促进产业分工与专业化合作，加快推进农业农村市场化进程。在实施乡村振兴战略的大背景下，面对经济发展进入新常态的时代背景与推进农业供给侧结构性改革的艰巨任务，发展农业规模经营与提升农业规模化经营水平，依然需要依靠深化市场化改革来破解制约农业农村发展的体制机制障碍与提供持续健康发展的新动能，促进农业农村的产业分工与专业化合作，从而为农业规模经营的发展提供体制保障、激励机制、基础支撑与拓展空间。

二是围绕增强农村土地的要素功能，引导和鼓励多种形式的土地集中。土地集中型的农业规模经营既是农业规模经营的初始形态，也是农业规模经营的重要表现形式。要在确保农民土地权益基础上，分解与剥离农村土地的财产功能与要素功能，使"固化的"财产变成"可流动的"要素。也就是通过地块整理、田块合并与互换、土地股份合作、土地流转等多种形式，将过于分散的土地适度适当地积聚起来。

三是围绕将小农户纳入规模经营运行轨道，完善农业产业社会化服务。各种类型的社会化服务组织及其提供的多种服务项目，本身就是市场化程度加深带来的产业分工细化与专业化合作增强的产物。这一点上，我国每年夏收时节的小麦跨区作业成为一道亮丽的风景具有典型意义。数量庞大的经营小规模土地的小农户是我国农业的基本面，围绕服务小农户来培育农业产业的社会化服务组织、创新与拓展为小农服务的方式等，是将亿万小农融入现代农业的产业链条之中的现实选择。

四是围绕强化和完善政府农业领域公共服务，大力推进农村土地整治。农村土地整治是强化与完善政府在农业领域公共服务的重要内容，其本质是落实"藏粮于地"战略，确保土地数量和提升土地质量。加大农村土地的整治力度，对于保护和提高我国粮食综合生产能力的意义重大，对于发展农业规模经营也有着积极的助推作用。

五是围绕发挥双层经营体制中"统"的功能，健全和壮大农村集体经济组织。无论是土地集中型的规模经营，还是服务带动型的规模经营，或者产业集聚型的规模经营，都离不开村集体经济组织的有效介入。发展农业规模经营不仅给村集体经济组织发挥作用提供了契机，也是其富有成效地开展工作的一个重要抓手。可以说，积极稳妥推进农业规模经营，不仅是壮大农村集体经济的有效途径，而且也是完善农村基本经营制度特别是强化村集体经济组织"统"的功能的突出亮点。

六是围绕技术替代劳动，提升农业的物质装备水平与推广先进适用技术。进入 21 世纪以来，我国主要农作物耕种收机械化率快速提升，在大大降低了农民劳动强度的同时，也有力促进了农业的规模化发展。规模化经营的农业在对物质装备与技术提出更多更高要求的同时，也使得新装备新技术有了用武之地。如农产品的冷链物流、互联网与物联网等智慧农业的各种技术，近年来"大踏步地"

进军农业领域。伴随着农业物质装备水平的不断提升与各种先进实用技术的日益融入，今后我国农业规模经营将会步入加快发展的快车道和呈现出前所未有的崭新局面。

七是围绕培育新型的生产经营主体，造就一大批引领农业规模经营的企业家。市场经济是企业家的舞台，发展农业规模经营同样需要造就一大批发挥引领作用的农业企业家。事实上，无论是哪种农业规模经营形式，都可看到农业企业家的身影与风采。在我国经济发展进入新常态的时代背景下和在农业供给侧结构性改革不断深入的进程中，伴随着乡村振兴战略的深入实施和农业农村现代化的加速推进，亿万农民将会跟随这些农业企业家的脚步，不断谱写农业规模经营的新篇章。

四、大力促进粮食产业的高质量发展

质量就是效益，质量就是竞争力。推进农业供给侧结构性改革、促进粮食产业高质量发展，是解决当前粮食产业发展中存在的不平衡不充分矛盾的迫切要求，也是不断提高农业质量效益和竞争力、实现粮食安全和现代高效农业相统一的根本任务。因此，推动粮食产业的高质量发展，必须在深化农业供给侧结构性改革下功夫，努力实现以改革促发展，以农业供给侧结构性改革的不断深化来引领粮食产业的增产提质增效。

一是要努力增加绿色优质粮油产品供给。要在稳定谷物种植面积和因地制宜发展薯类、豆类、杂粮等作物的基础上，大力发展强筋弱筋小麦、优质稻谷、青贮及专用玉米、高油高蛋白大豆等，积极推进落实粮食优质优价促进农民增收。建立与健全激励机制，鼓励各类农业生产经营主体培育和打造富有生机活力的种养结合模式，在推进农业绿色发展与可持续发展中提升和优化粮食产品的质量与品质。继续实施优质粮食工程和"中国好粮油"行动计划，深入推动农业绿色发展和"健康中国"建设，不断丰富绿色优质粮油产品供给。加大社会要素资源整合力度，加强粮食质量保障基础能力建设。

二是要大力推进粮食标准化生产和品牌化建设。农业领域的标准化生产是将工业发展的理念运用到农业中来。有了标准化，才有可能批量生产产品、才有可能统一品种品质、才有可能严格操作规程、才有可能形成模式品牌。尽管农业与工业有所不同，受自然因素的影响大、受动植物生长规律的限制多，但是，农业的理念创新与科技进步不仅使农业生产经营活动的标准化有了可能，而且其标准化的程度与水平也在不断提高。与发达国家相比，我国农业的标准化还有很大的提升空间。品牌是产品质量与生产者自身信誉的保证，是观察产品是否符合市场需求及如何满足消费者需求的重要风向标。提高农产品质量、优化农业供给结构，必须把农业品牌建设摆在更加突出和更为优先的位置。创建农业品牌、维护优质的农产品品牌，一定要有"打造百年老店"的意识与自觉，持续强化生产经营主体的自我约束。经济学上有一句非常有名的话，看得见的与看不见的。在光艳的品牌背后是创品牌、护品牌的辛勤汗水。创品牌远远不只是靠推介会打广告就能做到的，必须要有过硬的产品质量和良好的信誉做保证；而守品牌更是要靠自律而不是靠他律，必须要有久久为功的耐心与毅力。我国粮食产业的标准化生产与品牌化建设可以说是一个能够也应该大有作为的广阔天地，无论标准化生产，还是品牌化建设，都存在比较大的提升空间，也都是促进农民增收、产品提质和产业提高竞争力的重点领域与主攻目标。

三是要积极发展粮食精深加工和推动产业转型升级。促进农产品加工转化升值，既是深入推进农业供给侧结构性改革的重要内容，也是顺应更高质量与日益多元的农产品消费需求变化的必然要求。加快发展粮食加工产业，是优化粮食生产布局、提升粮食产品价值空间和增强粮食产业竞争力的重大举措。要结合完善粮食产业布局，优化大米、小麦粉、食用植物油等的生产结构，促进主产区的粮食精深加工与转化增值。要扶持壮大基础实力强、市场前景好、增长潜力大的粮食加工企业提高产业集中度，打造优势产业集群。要按照"安全、优质、营养、方便"的要求，推进米面、玉米、杂粮及薯类主食制品的工业化生产和社会化供应，鼓励和支持开发个性化功能化主食食品。要加大粮食产品初加工、精深加工、综合利用加工的协调统筹力度，减少因过度加工造成的资源浪费和营养流失，全面提升粮食产品利用率和附加值。要大力推动粮食加工企业转型升级，利用市场机制淘汰落后产能，深入实施农产品加工业提升行动和粮食产业转型升级行动。

第四节　加强改进粮食宏观调控

市场机制与宏观调控相结合是现代经济的基本特征，市场经济越是发展，越是需要加强宏观调控。粮食宏观调控既是国民经济宏观调控的重要组成部分，也是保障国家粮食安全必不可少的重要手段。政府的粮食宏观调控覆盖生产、流通、储运、加工、进出口乃至消费等各个环节，调控手段包括经济手段、法律手段和行政手段。加强与改进粮食宏观调控，核心是围绕确保数量安全、质量安全与产业安全提高国家粮食安全保障能力与水平，重点是：加强粮食生产能力建设以保障生产持续稳定发展，加强粮食流通能力建设以保障市场供给与价格稳定，加强粮食加工能力建设以保障粮食产业链延伸和价值链提升，加强粮食储备与应急保供能力建设以保障有效应对重大突发事件和稳定市场预期。本节重点从加大产业支持保护、完善价格形成机制、落实粮食安全责任三个方面阐述加强粮食宏观调控的政策内容与主要举措。

一、加大粮食产业支持保护

粮食生产持续稳定发展是确保国家粮食安全的重中之重。习近平总书记在 2013 年的中央农村工作会议上讲："只要粮食不出大问题，中国的事就稳得住。"[①] 主要也是针对我国的粮食生产而言的。这也就是说，我国的粮食生产经不起折腾也不能折腾，只有持续稳定发展这一条路。因此，保护农民种粮与地方政府抓粮的积极性，既是国家农业政策的首选，也是农业支持保护的重点。尽管已经搭建起符合我国国情的支持保护粮食生产政策框架，但政策的完善与力度的加大仍有较大的空间。这里主要结合"四补贴"（农民种粮直接补贴、良种补贴、农资综合补贴和农机具购置补贴）政策的执行与调整情况做些分析与说明。

"四补贴"政策是进入 21 世纪之后我国农业支持保护政策的重大调整，与减免乃至取消农业税相配合，实现了对种粮农民由取到

---

① 《习近平关于"三农"工作论述摘编》，中央文献出版社 2019 年版，第 69 页。

予的历史性转变。回头看，"四补贴"政策起步于 2002 年对东北地区高油品种大豆实行的良种补贴，2003 年开始对小麦实行良种补贴，2004 年不仅良种补贴品种扩大到水稻和玉米而且补贴资金明显增加；农民种粮直接补贴和农机具购置补贴开始于 2004 年，当年安排的补贴资金分别为 116 亿元和 7000 万元；农资综合补贴开始于 2006 年，当年安排补贴资金 120 亿元。

宏观调控保安全

精准发力，保护种粮积极性；
平稳运行，管好压实"米袋子"。

种粮直补政策主要着眼于对农民种粮行为的利益补偿，有助于农民增加种粮的收益以及构建保护和调动农民种粮积极性的长效机制。政策的基本取向是确保粮食种植面积。农资综合补贴政策主要着眼于降低农民种粮的生产成本，弥补种粮农民因化肥、柴油等农资价格上涨带来的利益损失。这一政策进一步丰富了国家扶持粮食生产的手段，筑起了又一道维护种粮农民利益的"防火墙"，在很大程度上抵补了农民因农资涨价而增加的生产成本支出。良种、农机补贴等技术推广补贴政策主要着眼于加快先进实用技术的推广普及，提高粮食生产的科技含量，促进农业机械化的发展。良种补贴为推广优质粮食品种起到了明显的引导示范作用，有力地推动了粮食单产的提高和粮食品质的改善。农机具购置补贴缓解了农民购机愿望强烈与支付能力不足的矛盾，调动了广大农民购机和用机的积极性，进而助推我国的农业机械化事业步入了发展的快车道。

这些补贴政策尽管在我国粮食连续多年的增产中发挥了应有的重要作用，但随着形势的变化也需要进行必要的调整和优化。2015年，经国务院同意，财政部、农业部印发了《关于调整完善农业三

项补贴政策的指导意见》,《意见》中明确:从中央财政提前下达的农资综合补贴中调整 20％的资金,统筹用于支持粮食适度规模经营。支持对象为主要粮食作物的适度规模经营者,重点向种粮大户、家庭农场、农民合作社、农业社会化服务组织等新型经营主体倾斜,体现"谁多种粮食,就优先支持谁"。选择安徽、山东、湖南、四川和浙江等 5 个省开展农业"三项补贴"(农作物良种补贴、种粮农民直接补贴和农资综合补贴)改革试点。试点的主要内容是将农业"三项补贴"合并为"农业支持保护补贴",政策目标调整为耕地地力保护和粮食适度规模经营。2016 年农业"三项补贴"改革在全国全面推开。这项改革坚持以绿色生态为导向,推进农业"三项补贴"由激励性补贴向功能性补贴转变、由覆盖性补贴向环节性补贴转变,提高补贴政策的指向性、精准性和时效性。

"四补贴"政策的多年实践及适时地进行调整与优化表明:引导扶持粮食持续稳定发展,补贴政策不仅必不可少,需要不断加大补贴的力度;而且也要与时俱进,根据形势发展变化进行必要的调整完善。总体上看,今后我国的粮食生产补贴政策应继续在稳定、强化和完善上下功夫,将行之有效的政策规范化、制度化和长期化。稳定政策,就是要保持政策连续性,给广大基层干部和亿万农民吃"定心丸";强化政策,就是要不断加大政策的支持力度;完善政策,就是要及时充实政策的项目内容和规范政策执行行为。粮食生产补贴政策如此,产粮大县奖励政策如此,扶持粮食产业发展的其他政策也应当如此。支持保护粮食产业持续稳定发展的政策,可以说是我国最重要的农业政策。因此,充实政策的扶持内容、加大政策扶持的力度始终是我们确保国家粮食安全的重要手段。

二、完善粮食价格形成机制

完善农产品价格形成机制，注重发挥市场形成价格作用。这是党的十八届三中全会通过的《中共中央关于全面深化改革若干重大问题的决定》中提出的明确要求。此后从 2014 年的中央一号文件一直到 2020 年的中央一号文件几乎每年都对完善粮食等重要农产品的价格形成机制问题做出安排与部署。显然，这个问题的背后实际上是如何处理好政府与市场关系这个可谓世界性的重大难题。具体说来，完善粮食等重要农产品价格形成机制的目标导向与问题指向主要是调整和改革稻谷、小麦的最低收购价政策与玉米、大豆、油菜籽、棉花、食糖等农产品的临时收储政策。这里重点就前些年玉米临时收储政策执行中存在的问题和稻谷、小麦的最低收购价政策如何完善做些分析与阐述。

前些年我国一度出现粮食产量、进口量与库存量"三量齐增"的所谓"怪现象"，即：粮食年产量稳定维持在 6 亿吨以上并逐年增加，但进口量增速迅猛，同时粮食库存量也不断增长，特别是玉米等品种积压严重。其实，这种现象一点都不怪。仅从玉米的情况看：2010 年的玉米总产是 19075 万吨，到 2015 年增加到创纪录的 26499 万吨。力度如此之大的玉米增产动力何在？如今回过头来看很显然是国家玉米临储政策的执行特别是临储价格的持续提高。据调研了解，吉林省 2011 年临储玉米的收购价格是每斤 0.99 元，收购期限为 2011 年 12 月 14 日至 2012 年 4 月 30 日，但由于玉米的市场价格高于临储价格，实际上并没有启动临储收购；2012 年临储玉米收购价格提高到每斤 1.06 元，新粮上市也没有启动临储收购，而是在 2013 年 3 月份市场价格回落到临储价格以下时才启动，截止到 2013 年 5 月末共收购临储玉米 206 亿斤；2013 年不仅临储玉米的价格提高到 1.12 元，而且在 7 月初就提前公布了，从当年 11 月份至次年 4 月末共收购临储玉米 567.8 亿斤；2014 年临储玉米的收购价格仍是每斤 1.12 元，从当年 11 月份至次年 4 月末共收购临储玉米 500.9 亿斤。这样的一些数据至少意味着：在执行玉米临时收储政策的地方，过高的临储价格不仅屏蔽了玉米的市场价格，而且也迫使那些从事市场化购销的玉米流通与加工主体纷纷退出玉米市场或转而成为执行玉米临时收储政策之企业的"附庸"；在国际市场玉米价格出现回落时，继续执行价格"高高在上"的玉米临时收储政策，必然就会出现国产玉米入库而进口玉米入市的问题；玉米临时收储政策在实际执行中已失去了其本来面目，政府的一种有效的市场调控手段演变为粮食购销市场放开前的价格政策。而与此同时，稻谷与小麦的最低收购价政策及其他产品的临时收储政策也都因收购价格大幅提高而不同程度地陷入不可持续的困境。

其实，无论是最低收购价政策还是临时收储政策，原来本是市场放开的体制背景下引导生产与调控市场的两大政府调控手段，其基本的运行机理是启动乃非常态而不启动才是常态。之所以会导致这两项政策难以为继，很重要的原因就是赋予了它们太多的功能，结果不仅使其走样变形也引发了一系列新的矛盾与问题。

从近年来改革完善粮食等重要农产品价格形成机制和收储制度的进展情况看，取消油菜籽临时收储、开展新疆棉花和东北大豆目标价格试点以及按照"市场定价、价补分离"的原则取消玉米临时收储、对农民实行直接补贴等的改革探索都取得了明显成效，下一步的改革目标主要集中在稻谷与小麦的最低收购价政策上。现在，社会各方面对是否继续坚持小麦与稻谷最低收购价政策的意见并不统一，坚持有坚持的理由，取消有取消的道理。如果是将稻谷与小麦的最低收购价政策作为粮食市场全面放开条件下政府调控粮食生产与流通的一种手段，那么就有必要并且也应当继续保留；如果是将其作为政府的价格政策或收购政策，那么就应当且必须取消。

现实地看，从确保国家粮食安全特别是口粮安全的角度，稻谷和小麦的最低收购价政策需要在坚持的基础上进一步完善。一方面是要继续发挥其引导生产者预期、促进粮食生产持续稳定发展和托底市场价格、防止谷贱伤农的基本功能，另一方面也要坚持市场化改革取向和维护正常市场秩序。具体说来，一是将其明确定位为政府引导生产与调节市场供求的调控手段，目的是稳定稻谷与小麦生产发展，防止生产大起大落。其作为调控手段的性质决定了启动最低收购价收购是一种非常态而不是常态，只有当稻谷与小麦的市场价明显偏低或出现大幅下跌时才启动。二是最低收购价的定价原则应当是"托市"而不是"包市"。这也就意味着在通常情况下它们要低于市场价格，其在播种前公布的功能作用是发出政府在基于市场供求形势分析基础上的调控信号，以引导生产者的种植行为调整。三是最低收购价政策的具体内容要恪守"五限定"原则。即限定品种、限定价格、限定主体、限定时间、限定区域。只有守住了这五条原则，才会使最低收购价的启动不会造成市场的扭曲以及多元购销主体的"退市"，维护正常的粮食市场流通秩序和市场形成价格的机制。

三、强化落实粮食安全责任

确保国家粮食安全必须强化粮食安全责任。我国自 20 世纪 90

年代就开始实行"米袋子"省长负责制，要求省级政府肩负起本地区的粮食安全责任。如在 1995 年 4 月国务院印发的《关于深化粮食棉花化肥购销体制改革的通知》中就明确：省级政府必须保证稳定粮田面积，不断提高粮食单位面积产量，充分掌握商品粮源，建立完善粮食储备，管好用好粮食风险基金，适时组织省际粮食流通，严格执行粮食进出口计划，管好市场，确保供应和粮价稳定。2014 年年底，为加快构建国家粮食安全保障体系，进一步明确地方政府维护国家粮食安全的责任，国务院出台《关于建立健全粮食安全省长责任制的若干意见》（以下简称《若干意见》）。2015 年 11 月，国务院办公厅印发《粮食安全省长责任制考核办法》（以下简称《考核办法》）。这里重点阐述《若干意见》和《考核办法》的主要内容。

《若干意见》的核心是要求各省级人民政府承担起保障本地区粮食安全的主体责任。省长（主席、市长）在维护国家粮食安全方面承担的责任是：稳定发展粮食生产，巩固和提高粮食生产能力；落实和完善粮食扶持政策，抓好粮食收购，保护农民种粮积极性；管好地方粮食储备，确保储备粮数量充足、结构合理、质量良好、调用高效；实施粮食收储供应安全保障工程，加强粮食流通能力建设；深化国有粮食企业改革，促进粮食产业健康发展；完善区域粮食市场调控机制，维护粮食市场稳定；健全粮食质量安全保障体系，落实监管责任；大力推进节粮减损，引导城乡居民健康消费。这八个方面涵盖了粮食生产、储备、流通、消费等各环节，不仅强调粮食数量安全，还强调了粮食质量安全、粮食产业健康发展以及节粮减损和健康消费等，充分体现了新形势下维护国家粮食安全的新要求，也更加符合新时期保障国家粮食安全的现实需要。粮食安全省长负责制是保障国家粮食安全的一项基本制度，《若干意见》

的出台，进一步明确了省级人民政府在维护国家粮食安全方面的事权与责任，既是深入贯彻落实国家粮食安全战略的体现，也是粮食宏观调控能力进一步增强和更具有针对性的反映，其对建立健全粮食安全省长责任制所作出的全面部署，在很大程度上可以说是我国粮食宏观调控日趋走向成熟的一个重要标志。

《考核办法》是对建立粮食安全省长责任制考核机制作出的全面部署。考核内容包括增强粮食可持续生产能力、保护种粮积极性、增强地方粮食储备能力、保障粮食市场供应、确保粮食质量安全和落实保障措施等六个方面。具体说来就是：（1）确保耕地面积基本稳定、质量不下降，粮食生产稳定发展，粮食可持续生产能力不断增强。（2）保护种粮积极性，财政对扶持粮食生产和流通的投入合理增长，提高种粮比较收益，落实粮食收购政策，不出现卖粮难问题。（3）落实地方粮食储备，增强粮食仓储能力，加强监督管理，确保地方储备粮数量真实、质量安全。（4）完善粮食调控和监管体系，保障粮食市场供应和价格基本稳定，不出现脱销断档，维护粮食市场秩序。完善粮食应急保障体系，及时处置突发事件，确保粮食应急供应。（5）加强耕地污染防治，提高粮食质量安全检验监测能力和超标粮食处置能力，禁止不符合食品安全标准的粮食流入口粮市场。（6）按照保障粮食安全的要求，落实农业、粮食等相关行政主管部门的职责任务，确保责任落实、人员落实。《考核办法》的出台，是国务院办公厅第一次以专门文件的形式明确省级人民政府的粮食安全责任考核，不仅明确了考核主体、原则、内容、程序和结果运用等事项，而且还充分体现了考核工作的严肃性、科学性与可操作性。

按照国务院部署，自 2016 年以来，国家发展改革委、农业农村部、国家粮食和物资储备局等部门和单位组成考核工作组，已经开展了三个年度的考核工作。从考核的结果看，粮食安全省长责任制作为保障国家粮食安全的一项重要制度安排，有利于调动起中央和地方"两个积极性"，进而形成中央和地方共同负责的国家粮食安全保障格局。开展粮食安全省长责任制考核，既是贯彻执行党中央、国务院关于粮食安全重大决策部署的有力举措，也是压实地方政府粮食安全责任和推动工作落实的有效手段。可以说，建立健全粮食安全省长责任制，在压实地方政府粮食安全保障责任的同时，也筑起了确保国家粮食安全的一道重要屏障，为今后构建更高层次、更高质量、更高效率和更可持续的国家粮食安全保障体系奠定了重要基础。

本章结语

尽管我们已经走出了一条具有中国特色的国家粮食安全道路，但我们必须始终清醒地认识到：立足国内确保国家粮食安全，牢牢地把中国人的饭碗端在自己手中，牢牢地掌握十多亿人口吃饭问题的主动权，既是治国安邦的首要任务，也是长期面对的永恒课题。今后在我国社会主义现代化建设的征程中，确保国家粮食安全的任务依然繁重而艰巨，需要我们在新国家粮食安全观的引领下，更加深入扎实地推进"以我为主、立足国内、确保产能、适度进口、科技支撑"的国家粮食安全战略，持续落实藏粮于地与藏粮于技，强化粮食安全的基础与支撑；

持续推进粮食产业的高质量发展和改善粮食宏观调控，在做大做强粮食产业中维护好国家粮食安全的根基与保障。坚定不移地守住"谷物基本自给、口粮绝对安全"的战略底线，不仅是积极地面对国内国际粮食安全形势的理性选择，而且是稳妥地应对各种可能出现的风险挑战与不确定性的定海神针。

第五章

放眼世界深化粮食合作

———————— • 本章提要 • ————————

在世界一体化与经济全球化的背景下，既需要我们对贸易自由
化充满信心，也需要我们大力促进国际合作。我国作为最大的发展
中国家，既肩负确保国家粮食安全的使命，也将承担越来越多的世
界粮食安全责任。确保国家粮食安全，不仅要有世界眼光和全球视
野，充分运用国际国内两种资源和两个市场来谋划国家粮食安全；
也要增强合作精神与双赢意识，努力为世界粮食安全作出负责任大
国应有的贡献。本章的内容主要包括两个方面：一是积极开展粮食
进出口贸易，利用国际资源与市场平衡国内粮食供求；二是深入推
进国际粮食安全合作，履行维护世界粮食安全的大国责任。

"历史一再证明，封闭最终只能走进死胡同，只有开放合作，道路才能越走越宽。"① 这是习近平总书记 2018 年 4 月会见世界经济论坛主席施瓦布时强调的一句话。在当今世界一体化与经济全球化的大背景下，尽管面对世界百年未有之大变局，各种风险挑战和不确定性明显增强，但是，世界大势与时代潮流无法阻挡，人类和平、发展、合作与共赢的主题不会改变。在确保国家粮食安全这个事关十几亿人饭碗的重大问题上，也必须走开放合作之路，以开阔胸襟和世界眼光统筹利用好国内国际两种资源与两个市场，既要肩负起确保国家粮食安全的历史使命，也要承担起维护世界粮食安全的大国责任。本章从积极开展粮食的进出口贸易、大力推动国际粮食安全合作和履行维护世界粮食安全责任等方面阐述我国深化粮食国际合作的作为空间与责任担当。

国门外　买粮记

融入全球供应网，粮食安全谱新章。

第一节　积极开展粮食的进出口贸易

开展贸易，是贸易双方在平等、自愿、互利原则下的交易行为，其结果是双方的合作共赢。"给我所需要的，得到你所需要的"是其基本的经济法则。贸易不是"零和博弈"，双赢乃至多赢是人

---

① 《习近平会见施瓦布：只有开放合作，道路才能越走越宽》，《人民日报》2018 年 4 月 17 日。

类开展贸易的初衷与结果。粮食的进出口贸易虽然往往会受到自然灾害以及政治因素等的影响，但贸易自由化的趋势与格局并不会改变。因此，积极开展粮食进出口贸易和维护粮食国际贸易秩序，是今后贯彻落实国家粮食安全战略、确保国家粮食安全必不可少的重要内容。

一、把握粮食进出口的规模与节奏

习近平总书记 2013 年 12 月在中央农村工作会议上指出："在国内粮食生产确保谷物基本自给、口粮绝对安全的前提下，为了减轻国内农业资源环境压力、弥补部分国内农产品供求缺口，适当增加进口和加快农业走出去步伐是必要的，但要把握好进口规模和节奏，防止冲击国内生产，给农民就业和增收带来大的影响。"[①] 这样的认识其实就是国家粮食安全战略对"适度进口"的一个基本定位，而其核心就是要把握好粮食进出口的规模与节奏，该进口的要主动进口，能够出口的要积极扩大出口。特别是 2020 年 5 月份以来，党中央审时度势明确提出要推动形成以国内大循环为主体、国际国内双循环相互促进的新发展格局，这也是对我国粮食及其他农产品进出口贸易的要求。2020 年 8 月 24 日，习近平总书记在经济社会领域专家座谈会上指出："新发展格局决不是封闭的国内循环，而是开放的国内国际双循环。我国在世界经济中的地位将持续上升，同世界经济的联系会更加紧密，为其他国

---

① 《习近平关于"三农"工作论述摘编》，中央文献出版社 2019 年版，第 80 页。

家提供的市场机会将更加广阔，成为吸引国际商品和要素资源的巨大引力场。"①我国的粮食及其他农产品的进出口贸易也要积极主动地顺应这一形势的变化与发展的要求，努力将其融入到世界百年未有之大变局背景下的新发展格局之中，在充分利用国际资源与市场方面更加坚定信心和主动作为。这里重点就粮食进口问题做些分析阐述。

一是明确进口品种优先序，合理调控进口规模。一般说来，我国的进口农产品一方面要根据不同产品比较优势的差异，优先进口缺乏比较优势的土地密集型产品；另一方面要考虑不同产品自给率的敏感性、产品可贸易性和国内产业安全风险，从而明确进口品种优先序。根据"谷物基本自给、口粮绝对安全"的原则，稻谷和小麦自给率的敏感性最高，未来将继续保持100%的产能自给率，适度进口应控制在主要是品种调剂的范围之内。大豆在我国缺乏比较优势，较大数量的进口不可避免，但需要保持相对稳定的态势，防止进口数量的大起大落。同时也要看到：大豆进口不仅补充了国内植物油的消费缺口，增加了蛋白饲料来源，同时也节省了国内农业生产资源，有助于提高其他粮食等农产品的自给率。从长远看，玉米、大麦、高粱等饲料作物在未来可能需要逐步增加一定的进口，从而为畜牧养殖等产业发展提供较低成本的饲料原料。这也是符合国家利益的重要选项。

二是增加进口来源渠道，降低粮食贸易风险。我国粮食进口来源结构总体上由国际市场粮食供求决定的，但确实也存在着粮食进

---

① 《习近平在经济社会领域专家座谈会上的讲话》，《人民日报》2020年8月25日。

口来源地集中度偏高的问题。考虑到我国的市场体量较大，需要在稳定现有主要进口来源市场的同时，尽可能地推动进口来源地的分散化，把增产潜力大、单产稳定性高、政治风险低的国家，作为增加进口的优先来源地。巴西、美国、阿根廷今后仍然会是我国大豆进口的主要来源国，我们要通过建立稳定可靠的战略贸易伙伴关系积极稳定进口货源。随着"一带一路"建设的推进，小麦可适当增加从中亚地区的进口。如哈萨克斯坦等国家的进口数量有望进一步增长。玉米进口除美国等传统进口国外，乌克兰的增长势头迅速，俄罗斯、保加利亚及越南等周边国家的进口量也存在一定的增长空间。这方面需要把握好的是：为发挥粮食等农产品进口在双边经贸关系中的"锚"的作用，提高我国农产品进口在可能的经贸摩擦中的反制威慑力，我们应当从战略高度处理好进口市场份额的平衡问题。

三是建立开放型农业监测预警体系，培育全球性粮食交易市场。加强大宗农产品的国际市场监测预警，对重点产品、重点区域和重点国家在粮食供求、粮食价格、贸易动态等方面的数据信息进行监测、形势研判和及时发布预警，从而提高应对国际市场上数量与价格波动的风险防范能力。加强农业贸易促进体系建设，努力构建既符合我国国情又顺应国际规则的机构完善、功能齐全、手段灵活、服务高效的农业贸易促进体系。我国是全球粮食市场的重要参与者，但价格话语权低，规则制定能力弱。未来要逐步培育全球性的粮食产品交易市场，发展国际化的农产品交易所，通过稳健可靠的方式引进境外企业参与交易、扩宽服务领域和提高服务能力，努力尽早尽快地形成具有世界影响力的中国价格，提升参与全球粮食产品定价的话语权。

　　四是把握好粮食进口节奏，尽力避免大国效应的负面影响。我国是世界粮食贸易大国，其不可避免的大国效应往往会使粮食的进出口信息在国际市场上很容易被放大，进而影响人们的心理预期和导致国际市场粮价的波动。应当看到：国际市场粮价的波动不仅影响国外的粮食供给与需求，而且也会对国内的市场与价格造成一定的冲击和带来不利的影响。因此，对国际市场粮价波动的敏感性与传导性我们要有足够充分的认识，既要防范国际市场上的一些不当信息对国内的传导，尽可能将其带来的影响与冲击限定在最低的程度与范围之内；也要控制好我国粮食进出口信息的传递，尽可能防止市场信号在传递过程中可能出现的曲解与放大。把握好粮食的进出口节奏，既是确保国内粮食安全的必要之举，也是维护世界粮食安全的应尽之责。

二、推动建立国际粮食贸易新秩序

　　近年来，全球多边贸易体制不断遭受冲击，反全球化和贸易自由化的呼声在一定范围内蔓延，贸易保护主义、单边主义屡屡挑战多边贸易体制，世界的贸易环境呈现出前所未有的恶化状况。在此之际，无论是从维护自身利益的角度，还是从维护世界粮食安全的角度，我国都有必要坚定地捍卫多边主义和贸易自由化，坚决地反对单边主义和贸易保护主义，积极倡导粮食国际贸易的互利、合作与共赢的基本原则，推动建立公平的粮食国际贸易新秩序。

　　一是推动世界贸易组织谈判，争取应得权利。目前，由于个别成员的干扰，世界贸易组织的运行受到较大影响，争端解决机制陷入瘫痪，以推动贸易自由化为目标的多哈回合谈判动力不足。农业领域改革的谈判集中在国内支持、粮食安全公共储备、市场准入、特殊保障机制、出口竞争、出口限制等议题上。弱化发展中成员的特殊差别待遇呼声较高，国内支持的不公平性难以克服，各方利益诉求多元复杂，谈判进程缓慢。我国作为全球最大的发展经济体，在未来谈判中应当积极争取应得权利，支持发展中国家的合理诉求，努力发挥引领作用，在国内支持、粮食储备等方面促成有利于维护国家发展利益和世界粮食安全的谈判成果。

二是推动贸易自由化便利化，促进建立公平的国际贸易新秩序。我国作为世界上最大的发展中国家和负责任大国，旗帜鲜明反对贸易保护主义，始终是维护世界粮食安全的积极力量，致力于加强与各国之间的贸易合作以实现互利共赢。今后我们要更加积极地与更多国家商签高标准自由贸易协定，扩大粮食贸易；反对粮食贸易滥用技术性贸易措施，促进世界贸易组织建立公平、公正的贸易争端解决机制。我们要努力推动出台在重大公共突发事件等情况下不限制粮食出口的原则倡议，持续推动粮食贸易的自由化和便利化，促进公平的国际粮食贸易新秩序的建立，做世界粮食贸易自由化的坚定捍卫者和积极推动者。

第二节 大力推动国际粮食安全合作

"各国要树立命运共同体意识，真正认清'一荣俱荣、一损俱损'的连带效应，在竞争中合作，在合作中共赢。"[1] 这是习近平总

---

[1] 《习近平谈治国理政》第一卷，外文出版社 2018 年版，第 336 页。

书记 2013 年 9 月 5 日在俄罗斯圣彼得堡举行的二十国集团领导人峰会第一阶段会议发言时讲到的一句话。可以说，这句话背后突显的是对合作共赢这一时代发展潮流的深刻认识与准确把握。过去，我们秉持这样的理念在推动国际粮食安全合作中取得了多方面的重大进展和一系列的积极成果；今后，我们也将在这一理念的引领下把国际粮食安全合作不断引向深入。本节重点从推进粮食领域引进来走出去、拓展多双边的粮食国际合作和履行维护世界粮食安全责任三个方面阐述我国的粮食安全国际合作。

一、深入推进粮食领域引进来走出去

"引进来"和"走出去"是我国农业对外开放的基本战略。粮食领域的"引进来"和"走出去"就是要在现有基础上更加深入开展对外合作交流，特别是要进一步加大国内粮食企业走出去的力度，在合理利用国际国内两种资源两个市场的过程中，提升我国粮食安全的保障能力和促进世界粮食安全状况的不断改善。这里重点阐述以下两方面的内容。

一是积极支持粮食企业"引进来""走出去"，努力提升利用国外资源和国际市场的空间与能力。优化粮食进口渠道，拓展多元化粮食来源市场，促进全球范围粮食资源合理高效配置。支持有条件有能力的农业企业开展跨国经营、开拓海外市场，着力培育与打造具有国际竞争力的大粮商和大品牌。近年来，中粮集团、北大荒、首农集团等国内大型粮油企业纷纷"走出去"，在与国际大国粮商的同台竞争中不断提升竞争能力，特别是中粮集团，目前已经成长为全球第五大粮商，在巴西、阿根廷、黑海地区和印度尼西亚等粮

食核心产区构建起多元化进口格局，建立了超过我国进口粮食贸易量一倍以上的全球贸易能力，在国际粮食市场的话语权明显增强。今后国家要进一步加大政策的引导扶持，鼓励有条件的企业走出去，不断增强统筹利用国际国内两种资源两个市场的主动权，努力抢占农业特别是粮食领域国际竞争的制高点。

"一带一路"的牵手
凝聚合作共识，实现共同发展。

二是深化与共建"一带一路"国家的粮食经贸合作关系，共同打造国际粮食合作新平台。2017年，为贯彻近年来中央一号文件关于农业对外合作的总体部署，落实《国务院办公厅关于促进农业对外合作的若干意见》精神，加快实施"一带一路"和农业走出去战略，农业部决定在"一带一路"沿线以及其他重点区域组织开展境外农业合作示范区建设试点，在沿海、沿江、沿边等条件成熟地区组织开展农业对外开放合作试验区建设试点，为企业走出去搭建境外、境内两类平台，以外带内、以内促外，形成推动农业对外合作的双轮驱动和高水平双向开放格局。同年7月，农业部认定了首批10家境外农业合作示范区和10家农业对外开放合作试验区。经过一年多的培育，2018年8月31日，国务院批复同意建设潍坊国家农业开放发展综合试验区。9月13日，农业农村部、山东省人民政府以部省文件印发了《潍坊国家农业开放发展综合试验区总体方案》，潍坊国家综合试验区的设立，有助于为全国农业对外开放创造更多可复制、可推广的经验。这些努力与做法，为深入推进与"一带一路"国家和地区的粮食经贸合作开启了良好开端，也积累了一些宝贵经验。今后要进一步加大合作力度和拓展合作领域，共同促进双方国家粮食安全能力与水平的提升。

二、积极拓展多双边的粮食国际合作

开展多边与双边粮食国际合作，不仅有助于增强合作双方的国家粮食安全保障，也是对世界粮食安全的积极贡献。如前所述，我国已经与 60 多个国家和国际组织签署了 120 多份粮食和农业多双边合作协议、60 多份进出口粮食检疫议定书，与 140 多个国家和地区建立了农业科技交流和经济合作关系，与 50 多个国家和地区建立了双边农业合作工作组。在区域农业合作和新兴经济体农业合作中，我国正在逐步发挥主导作用。例如，我国成功推动东盟和中日韩大米紧急储备协定得到各成员国正式签署，牵头金砖国家农业部长会议并制定了金砖国家农业合作规划。

我国积极推动双边农业合作，以建立农业合作委员会或工作组的方式来不断提升合作的规范、程度和效益。通过实施双边与区域粮食安全合作战略，健全农业技术示范推广和人员培训体系，重点推进杂交培育、动植物保护、设施园艺、农业机械化和农村能源 5 大技术输出，有效促进了当地的农业农村经济发展。此外，高层互访也是推动双边农业合作的重要方式。在政府间的许多国际合作中都明确将农业纳入双边经贸合作的重要议程，签署了一系列农业国际合作文件，落实了一大批农业境外合作项目。

自 2013 年提出"一带一路"倡议以来，农业成为我国与"一带一路"国家和地区合作的典范，建立了一系列合作机制，搭建了一批合作平台。我国与中东欧国家农业合作（"17+1"）即是其中的代表，目前已经召开了四届农业部长会议和十四届农业经贸合作论坛。在该机制下，我国与中东欧国家农业合作成效不断显现，双方农产品贸易规模不断扩大，农产品贸易额近 10 年间年均增长 10.8％。2017 年 5 月，在"一带一路"国际高峰论坛期间，农业部、国家发展改革委、商务部以及外交部联合对外发布《共同推进"一带一路"建设农业合作的愿景与行动》，提出在"一带一路"框架下与沿线各国及相关国际组织等开展深度农业合作、实现双赢多赢的中国方案。截至 2019 年 3 月，共有 80 余个国家与我国签署了"一带一路"农（渔）业领域合作文件。今后，这方面的合作将会进一步拓展和走向深入。

三、履行维护世界粮食安全大国责任

我国是维护和促进世界粮食安全的中坚力量。加入世界贸易组织特别是党的十八大以来，我国深入参与国际涉粮合作事务，在联合国粮农组织（FAO）、世界粮食计划署（WFP）、世界动物卫生组织（OIE）、国际农业研究磋商组织（CGIAR）、二十国集团（G20）、亚太经合组织（APEC）、东盟与中日韩（10+3）、上海合作组织（SCO）等重要平台上发挥了积极和建设性的作用。

我国是多边贸易体制的积极参与者、维护者和贡献者，努力推动全球农业贸易朝着更加公平的方向发展。目前我国已与 22 个国家和地区签订了自贸协定，同时正在参与区域全面经济伙伴关系协定（RCEP）谈判等 11 个自贸区谈判，推动实现互利共赢的双边农业贸易。积极参与中美、中欧等投资协定谈判，维护农业领域产业安全，推动互利共赢的高水平投资协定取得实质进展。推动多哈回合第九届部长级会议达成早期收获协议，维护我国在农产品关税配额管理体制和以粮食安全为目标的农业补贴等政策调控空间；推动多哈回合第十届部长级会议世贸组织成员首次承诺全面取消农产品出口补贴，并就出口融资支持、出口国营贸易企业、国际粮食援助和棉花等方面达成了新的多边纪律。

南南合作的中国水稻
传递中国技术，分享中国经验。

通过提供国际紧急粮食援助、援建农业技术示范中心、派遣农业专家提供咨询和开展技术合作、培训农业技术和管理人员等方式帮助一些发展中国家，是我国履行一个负责任大国的世界粮食安全责任的重要方面。多年来，我国主动分享粮食安全的资源与经验，积极助力非洲国家早日实现"零饥饿"目标。在 2018 年 9 月召开的中非合作论坛北京峰会上，我国提出在推进中非"十大合作计划"基础上推出"八大行动"，其中包括支持非洲在 2030 年前基本实现粮食安全。2019 年以来，为帮助非洲国家应对粮食危机，我国对索马里、南苏丹、刚果（金）、莫桑比克等国实施了紧急粮食援助。除这种在紧急时刻的"授人以鱼"，我国更重视"授人以渔"，并且始终把支持非洲农业发展和粮食安全作为对非合作的优先重点领域。截至 2016 年，我国共帮助 50 多个非洲国家实施近 500 个农业援助项目，涉及农业种植、粮食仓储、农业机械、农田灌溉及农产品加工等领域。我国是粮农组织南南合作计划的最早参与者之一，自 1996 年粮农组织在粮食安全特别计划框架下启动南南合作计划以来，一直在积极推动南南合作走向深入。

今后，我国将会更加深入地参与全球和区域性粮食安全治理机制建设，进一步重塑有利于国内农业发展的国际农业规则，以维护全球市场稳定。加强与联合国粮农组织、世界粮食计划署、世界粮食安全委员会等国际相关治理机构和平台的合作交流，改善国际粮食贸易环境，推动形成更加公平合理的农业国际贸易秩序，提升我国对重要国际农产品的定价权和影响力。积极参与和推动联合国粮农组织、二十国集团（G20）和亚太经合组织 APEC 等倡议的建立全球和区域粮食储备体系、粮食安全治理机制和禁止粮食禁运等行动计划。继续深入推进南南合作，为实现联合国 2030 年可持续发展目标中的"消除饥饿，实现粮食安全，改善营养状况和促进可持续发展"作出更大的努力。

本章结语

对外开放是我国的基本国策。深化粮食领域国际合作，既是确保国家粮食安全的战略需要，有助于加强我国粮食安全保障；也是维护世界粮食安全的大国责任，有助于提升世界粮食安全水平。尽管人类和平、发展、合作、共赢的主题不会改变，世界一体化、经济全球化及贸易自由化的趋势不可逆转，但我们也要看到：面对世界百年未有之大变局，各种风险挑战与不确定性在增强，国际粮食市场和世界粮食安全秩序可能遭受的冲击与影响不可低估。在纷繁复杂、云谲波诡的国际形势面前，特别是在构建以国内大循环为主体、国内国际双循环相互促进的新发展格局的过程中，更需要我们坚定信心和保持定力，履行负责任大国的世界粮食安全责任，积极

开展粮食进出口贸易，不断深化国际粮食安全合作，主
动参与世界粮食安全治理，在合作双赢中维护好世界粮
食安全秩序。

主要参考文献

1. 中共中央党史和文献研究院:《习近平关于"三农"工作论述摘编》,中央文献出版社 2019 年版。

2. 《习近平谈治国理政》第一卷,外文出版社 2018 年版。

3. 《习近平谈治国理政》第二卷,外文出版社 2017 年版。

4. 《习近平谈治国理政》第三卷,外文出版社 2020 年版。

5. 《习近平关于科技创新论述摘编》,中央文献出版社 2016 年版。

6. 习近平:《在纪念毛泽东同志诞辰 120 周年座谈会上的讲话》,人民出版社 2013 年版

7. 《当代中国》丛书编辑委员会:《当代中国的粮食工作》,中国社会科学出版社 1988 年版。

8. 尹成杰:《粮安天下:全球粮食危机与中国粮食安全》,中国经济出版社 2009 年版。

9. 《当代中国》丛书编辑委员会:《当代中国的农作物业》,中国社会科学出版社 1988 年版。

10. 《当代中国》丛书编辑委员会:《当代中国的农业》,中国社会科学出版社 1992 年版。

11. 陈锡文、罗丹、张征：《中国农村改革 40 年》，人民出版社 2018 年版。

12. 国家粮食局：《粮食流通基本知识读本》，中国物价出版社 2002 年版。

13. 中华人民共和国国务院新闻办公室：《中国的粮食安全》，人民出版社 2019 年版。

14. 韩俊、宋洪远：《新中国 70 年农村发展与制度变迁》，人民出版社 2019 年版。

15. 农业部农村经济研究中心课题组：《农业供给侧结性改革：难点与对策》，中国农业出版社 2017 年版。

16. 国家统计局的历年《中国统计年鉴》。

17. 农业农村部国际合作司、农业农村部贸易促进中心：《2020 中国农产品贸易发展报告》，中国农业出版社 2020 年版。

策　　划：蒋茂凝

责任编辑：曹　春　李琳娜

装帧设计：汪　莹

图书在版编目（CIP）数据

粮食安全干部读本 ／《粮食安全干部读本》编写组 著 . —北京：
　人民出版社，2021.2
ISBN 978 - 7 - 01 - 022645 - 3

I. ①粮…　II. ①粮…　III. ①粮食安全 - 中国 - 干部教育 - 学习参考资料
　IV. ① F326.11

中国版本图书馆 CIP 数据核字（2020）第 223235 号

粮食安全干部读本

LIANGSHI ANQUAN GANBU DUBEN

《**粮食安全干部读本**》编写组　著

人民出版社 出版发行
（100706　北京市东城区隆福寺街 99 号）

北京盛通印刷股份有限公司印刷　新华书店经销

2021 年 2 月第 1 版　2021 年 2 月北京第 1 次印刷
开本：710 毫米 ×1000 毫米 1/16　印张：12
字数：152 千字

ISBN 978 - 7 - 01 - 022645 - 3　定价：48.00 元

邮购地址 100706　北京市东城区隆福寺街 99 号
人民东方图书销售中心　电话（010）65250042　65289539